CURANDO *las* HERIDAS

LIDERAZGO PROFÉTICO TRANSFORMADO

ALTAR BOOKS
A DIVISION OF

QUIVERFULL PUBLISHING

© 2017 por Yvonne D. Camper
CURANDO las HERIDAS; Liderazgo Profético Transformado

Todos los derechos reservados. Ninguna parte de este libro puede ser reproducida, almacenada en un sistema de recuperación o transmitida de ninguna forma o por medios electrónicos, mecánicos, de fotocopia, de grabación, de escaneado u otros, excepto en el caso de citas breves en artículos críticos o artículos sin permiso previo Del editor.

Publicado en Fontana, California por Altar Books. Altar Books en una marca registrada de Quiverfull Publishing, Inc.

Los títulos de los libros del altar pueden ser comprados a granel para el uso promocional educativo, del negocio, de la recaudación de fondos, o de las ventas. Para más información, envíe un correo electrónico a Specialmarkets@QFpublishersc.com

A menos que se indique lo contrario, las Escrituras usadas en este volumen son tomadas de la Santa Biblia, la Nueva Versión King James®. Copyright © 1982 por Thomas Nelson. Utilizado con permiso. Todos los derechos reservados.

Las Escrituras anotadas (NVI) son tomadas de la Biblia Santa, New International Version®, NIV® Copyright © 1973, 1978, 1984, 2011 por Biblica, Inc.® Usado con permiso. Todos los derechos reservados a nivel mundial.

Las Escrituras anotadas (GW) son tomadas de la Santa Biblia, la Palabra de Dios a las Naciones. Utilizado con permiso de Baker Publishing Group.

Las Escrituras anotadas (ISV) son tomadas de la Santa Biblia, Versión Internacional Estándar, Copyright © 1995-2014 por la Fundación ISV. Todos los derechos reservados internacionalmente. Utilizado con permiso de Davidson Press, LLC.

Las Escrituras anotadas (NET) son tomadas de la Santa Biblia, Nueva Traducción Inglesa, NET Bible® copyright © 1996-2006 por Biblical Studies Press, L.L.C. Http://netbible.com Todos los derechos reservados.

Las Escrituras anotadas (LEB) son tomadas de la Santa Biblia, Lexham English Bible, 2012 por Logos Bible Software. Lexham es una marca registrada de Logos Bible Software.

Las Escrituras (MSG) se toman de la Santa Biblia, El Mensaje, Copyright © 1993, 1994, 1995, 1996, 2000, 2001, 2002 por Eugene H. Peterson.

ELOGIOS PARA EL LIBRO Y MINISTERIO DE YVONNE CAMPER

Yvonne tiene una profundidad de discernimiento, revelación y perspectiva relacionada con los temas de los que sirven en el liderazgo, particularmente en el mundo de la iglesia occidental. Su penetrante visión profética, su profundo pensamiento, su convicción personal combinada con la pasión de ver líderes saludables la han motivado a destacar esta área. Creo que lo que ella comparte en este libro preparará una generación emergente y potenciará a los líderes ya existentes.

MOVIMIENTO ESPERANZA -ARUBA
Dra. Linda Wallace
www.lindawallace.co

Entre el Porche y los Ministerios del Altar es llamado por Dios a ministrar a los líderes durante un tiempo como este. La fundadora, Yvonne D. Camper vive de tocar la vida de aquellos que están en las trincheras de la vida de la iglesia. Ella es muy seria en este trabajo y no le importa trabajar y trabajar para lograr liberación y cambio. Su objetivo es agradar a Dios y servir a la gente, mientras que, al mismo tiempo, amar a su familia, que trabaja con ella. ¡Que Dios continúe potenciando su ministerio!

"¡OH! ¡CANTA ALABANZAS!"
Annette Hubbard, Autora
www.abundanceofpraiseministries.org

¡He disfrutado mucho al leer tu libro! Es una gran lectura y potenciada con conocimiento y sabiduría.

DIRECTOR EJECUTIVO DE CHARLES MARTIN MINISTRIES
Anesha Sharp, Autora
Aneshasharp.com

Su libro es muy revelador. Nunca he leído algo parecido. Espero con interés trabajar con ustedes de nuevo. Su trabajo tiene sentido y también valor.

REVISTA CRISTIANA DE LA MUJER
Linda Stubblefield – Jefa de Redacción
www.christianwomanhood.org

Recomiendo altamente este libro a cualquier persona que busca la perspectiva en la mente del profeta. Este es un libro bien documentado y bien escrito sobre las directrices para la vida del profeta. La información contenida es bíblica, inspirada en el espíritu y escrita con visión profética. En muchos casos, parece que el tema se dirige directamente a la vida del lector. No sólo beneficiará a los profetas, sino que también es aplicable a cualquier persona en el cuerpo de Cristo que busque sabiduría para manejar los asuntos de la vida de una manera bíblica que honra a Dios.

ESCUELA DE MINISTERIO DE VIDA ABUNDANTE
Andre' Bryant – Instructor

Yvonne Camper fue Copresidenta de Mentores para el grupo de recursos empresariales multiculturales nacionales KP WELL - Kaiser Permanente Mujeres que abrazan la vida y el liderazgo. Desde la primera vez que conocí a Yvonne en uno de nuestros eventos, me di cuenta de que aquí había alguien con conocimiento, experiencia y una energía para seguir lo que a ella le apasiona. Poco después de eso, añadí a esa evaluación a alguien que sigue con acciones — acciones efectivas y apropiadas. Como Presidente de la Junta Directiva, sé que hablo por todos nuestros miembros que extrañaran la energía, el entusiasmo, el conocimiento y el ingenio de Yvonne. La recomiendo altamente sin reservas.

KP WELL - KAISER PERMANENTE MUJERES QUE ABRAZAN LA VIDA Y EL LIDERAZGO
Pauline Field – KP WELL, Directora

Le pedí a Dios que trajera una mujer llena de Espíritu a mi vida que me ayudaría a sanar los problemas de rechazo, desarrollar mis dones y construir mi confianza. Desde que he estado trabajando con Yvonne y el Espíritu Santo, he crecido, he sido sanada emocional y físicamente. Estoy trabajando a través de mis problemas y he perdido cerca de setenta – ¡libras! Personalmente siento que el peso estaba atado a mis problemas emocionales. Ahora me amo y sé cuan amada soy por Dios.

RECUPERANDO MI TEMPLO
Emma Aguirre, Fundadora

Yvonne Denise Camper es una voz profética, cuya misión, mandato y ministerio ayudaron a salvar mi vida. Conocí a Yvonne en 2016 y supe que mi día de liberación estaba por llegar. Si alguna vez has luchado con tu carne, vergüenza o deshonra, entonces sabes la agitación interna que puede causar. Entre el Porche y el Altar, los Ministerios hablaron de las áreas de dolor que nadie más vio o se atrevió a enfrentar. A través de la construcción de relaciones y un seguimiento constante, no me dejaron cambiar mis propios vendajes. Ella se preocupa por el corazón y la sanidad de los profetas, así como el pueblo de Dios. Ella me afirmó y me ayudó a romper sin vergüenza los ciclos del tráfico legal. Ahora puedo decir, " Soy libre, estoy curada, estoy resolviendo mis problemas y no huyendo de ellos. Porque yo soy el Profeta no para el beneficio."

MINISTERIOS INTERNACIONALES TOUCH THE HEM

Shamilla Pennington, Fundadora
www.tthintlministries.org

Entre el Porche y los Ministerios del Altar es cuidadoso de crear siempre un ambiente seguro, limpio, sin prejuicios y lleno de Espíritu Santo. Las enseñanzas guiadas por el Espíritu me han ayudado en mi viaje profético y me han dado lecciones prácticas que podría aplicar inmediatamente. He sido tremendamente bendecida y estoy agradecida de ser parte de un grupo de personas que me están animando para que pueda tener éxito en Jesús.

CONSULADO GENERAL DE SUDÁFRICA
Renele Awono, Secretario Político,

¡Gran escritura! Me gustó leerlo. Como líder espiritual, me pareció útil. Pude ver la verdad resonando a través de muchas experiencias personales que he visto, especialmente en las muchas familias rotas con las que he trabajado.

CONSEJERO PROFESIONAL
Scotty Brooks, M.DIV.

He conocido a Yvonne Camper desde hace más de cuatro años y ella es una respuesta a mis oraciones. Yo buscaba a Dios por un mentor y Él la envió. Ella realmente ha sido una bendición y ha reemplazado la llamada de mentoría. Yvonne ha asumido el papel de madre espiritual, guerrera de oración, animadora, consejera matrimonial y maestra.

Además, Yvonne es una de las personas de corazón más amable que he conocido. Ella siempre exhibe el fruto del Espíritu Santo, incluso durante sus propios juicios personales. Además, la forma en que fluye en los dones del Espíritu Santo y cómo ella ayuda a la gente es realmente increíble. Yvonne ama a Dios y ama a la gente. Ella es mi modelo a seguir.

Además, me ha permitido formar parte de su familia y ahora la llamo mamá, ya que mi madre natural ha fallecido. Yvonne es una mujer de carácter e integridad. Por último, es una gran mujer de Dios, una esposa que honra a su marido, una madre amorosa y una amiga de quien puede confiar.

ESPOSA, MADRE Y AUTOR
Taniysha MeBane

Las Escrituras anotadas (AMP) son tomadas de la Santa Biblia, Biblia Amplificada, Copyright © 2015 por The Lockman Foundation, La Habra, CA 90631. Todos los derechos reservados.

Las escrituras anotadas (NASB) se toman de la Biblia Santa, New American Standard Bible, Copyright © 1960, 1962, 1963, 1968, 1971, 1972, 1973, 1975, 1977, 1995 por The Lockman Foundation.

Las Escrituras anotadas (NLT) son tomadas de la Santa Biblia, New Living Translation, copyright © 1996, 2004, 2015 por Tyndale House Foundation. Usado con permiso de Tyndale House Publishers Inc., Carol Stream, Illinois 60188. Todos los derechos reservados.

Las Escrituras anotadas (EXB) son tomadas de la Santa Biblia, La Biblia Expandida, Copyright © 2011, Thomas Nelson Inc. Todos los derechos reservados.

Libro de bolsillo 10: 0-9988391-6-7
Libro de bolsillo 13: 978-0-9988391-6-5

libro electronico 10: 978-0-9988391-7-2

Library of Congress Control Number: 2017951953

Impreso en los Estados Unidos de América

Expresiones de gratitud

Sería una farsa si no reconociera a los Juan Bautista de nuestra generación ya mis mentores espirituales, el Obispo Clarence McClendon, los Pastores Owen y Audrey Black, el Obispo Lamont y la Pastora Anita Clayton, el Apóstol Ron Carpenter, el Dr. Charles Martin y el Dr. Charles Stanley, a quien le debo una deuda eterna. Aunque mis encuentros con cada uno de ellos no siempre fueron personales, sólo el impacto de sus ministerios afectó inmensamente mi vida.

Ellos me enseñaron a tener una presentación excelente, cómo ser curado, cómo conocer la unción que el Espíritu Santo me ha dado, cómo ser transparente, cómo manejar una unción profética, cómo perseguir implacablemente la verdad, cómo ser Inquebrantable en mi fe, cómo someterse a la autoridad, cómo tener una base firme en la Palabra, cómo vivir la vida en el Espíritu, cómo caminar en la autoridad que Jesús ha dado a cada creyente, el poder de sembrar y cosechar, y El poder del perdón. Sin ellos, no sería la mujer que soy hoy. Estoy eternamente agradecida; Ustedes son verdaderamente dones para el cuerpo de Cristo.

A mi querido esposo que me hace reír, me da el espacio para crear, respirar y soñar. Aprecio y gracias por permitirme sanar y por tener siempre un oído abierto para escuchar.

A mis cinco hijos asombrosos, (Brianne Sample, Román, Sión, Cristiano y Benjamín Styles), que han apoyado tanto el ministerio que Dios me ha dado a mayordomo. Ustedes son algunos de los más grandes siervos en el cuerpo de Cristo. Gracias por ayudar en cada conferencia y evento en el que sirvió incansablemente. Su apoyo ha sido inestimable.

CONTENIDO

ADELANTE v
PREFACIO vii
INTRODUCCIÓN xi
VIDA PROFÉTICA PRÁCTICA 1
¿QUÉ ES UN PROFETA? 3
¿CÓMO SÉ SI SOY UN PROFETA? 6
EL PROFETA DEL NUEVO TESTAMENTO 10
VERDADERO O FALSO 12
¿EL MINISTERIO PROFÉTICO EN MOVIMIENTO? 16
LA RESPUESTA ADECUADA A UNA PALABRA PROFÉTICA 22
EMPODERADO POR EL ESPÍRITU SANTO 24
LA IGLESIA LLENA POR EL ESPÍRITU 27
PROFETA NO PARA LUCRO 29
EL PECADO DE LA DUPLICACIÓN 32
COMPLETO Y SANTO 34
ESTACIONES PROFÉTICAS 36
EL FACTOR JEZABEL 39
INCUBACIÓN PROFÉTICA 45
DE MANTEL Y DE HOMBRES 48
MANTEL PREPARADO 51
EL ESPÍRITU DE GEHAZI 54
CABLEADO PARA TRAER ÓRDENES 57
INFALIBLE 59
CONSTRUÍDO PARA PERDURAR 61
AVANZANDO EN EL ESPÍRITU 64
EL ARTE DEL APOTECARIO 65
LAS MARCAS DE UN PROFETA MADURO 70
CUALIDADES INHERENTES 79
ARMADO Y LISTO 82
GESTIÓN DE LA FAMILIA PROFÉTICA 84

MINISTRANDO AL ESPOSO PROFÉTICO	86
SALVAGUARDANDO AL NIÑO PROFÉTICO	88
EXCELENCIA EN EL LUGAR DE TRABAJO	91
BRUJAS EN EL LUGAR DE TRABAJO	95
UNA EMPRESA DE PROFETAS	98
FUNCIONAMIENTO EN LA PRECISIÓN PROFÉTICA	102
ESTABLECIENDO UN MINISTERIO PROFÉTICO	109
SUEÑOS Y VISIONES PROFÉTICAS	111
CURANDO LAS HERIDAS	**115**
EL PRINCIPIO DE LAS HERIDAS	116
ABANDONADO	122
TRAUMATIZADO	125
DONDE EL ENEMIGO TRANSITA	131
BARRERAS EMOCIONALES	134
DOLOR DE LA IGLESIA	136
MANEJANDO HERIDAS DEL MINISTERIO	139
EL PROFETA HERIDO	142
MATANDO LA RAÍZ	148
LAS OBRAS DE LA CARNE	151
LABIOS IMPUROS	153
PROBADO	155
LA PUNZADA DE LA TRAICIÓN	158
ENTRENAMIENTO PROFÉTICO 101	160
ENTENDER EL RECHAZO	162
CARÁCTER SOBRE PODER	165
RECUPERÁNDOSE DE LA PENA	167
LA LIMPIEZA DE LOS SACERDOTES	170
LAS CRÓNICAS LEPROSAS	172
LAS OFENSAS VENDRÁN	174
LÍNEAS BORROSAS	176
CORRECCIÓN DIVINA	178

UN ESPIRITU DE RABIA	181
LECCIONES APRENDIDAS	**185**
EL CREDO DEL PROFETA	186
LECCIONES APRENDIDAS	189
HOMBRE NÚMERO DOS DE DIOS: AARON	190
COMPROMETIDO CON LA LLAMADA: AHÍAS	192
COMPLETAMENTE CARGADO: ABRAHÁN	194
EL PODER DE LA SUPERVISIÓN PROFÉTICA: ÁGABO	195
LISTO PARA MOVER: AMÓS	196
MAGULLADO, PERO NO ROTO: ANA	198
DIOS HONRA JUSTICIA: DANIEL	200
LA DAMA PRINCIPAL DE DIOS: DÉBORA	201
AGOTAMIENTO MENTAL: ELÍAS	203
PLAN DE SUCESIÓN DE DIOS: ELISEO	204
ENTREGANDO UN MENSAJE DIFÍCIL: EZEQUIEL	205
UNA CLAVE PARA EL GRAN LIDERAZGO: GAD	207
NO ES JUSTO: HABACUC	208
TRABAJANDO EN TANDEM: HAGEO Y ZACARÍAS	210
UNA CASA EN ORDEN: HEMÁN Y SAMUEL	211
OBEDIENCIA POCO COMÚN: OSEAS	212
UN PROFESIONAL CONFIABLE: HULDAH	214
ESCRITURAS PROFÉTICAS	215
PREPARACIÓN DEL MINISTERIO: ISAÍAS	217
NUNCA ERES DEMASIADO JOVEN: JEREMIAH	219
UNA TEMPORADA DE TESHUVA: JOEL	221
DIOS ES SOBERANO: JUAN EL BAUTISTA	223
SOBRE LA AUTORA	226

ADELANTE

La profetisa Yvonne Camper es profeta de los profetas. Su amor por la oficina se siente profundamente en las páginas de este libro. Esta publicación respira con su pasión por el ministerio, ya que nos inspira a profundizar en nuestros propios sacrificios ministeriales que ofrecemos a Dios.

Este libro es real, raro, y cariñosamente crudo romper verdades bíblicas y explicar con claridad el papel del profeta. Este libro es vital para aquellos que tienen esta oficina. Si son llamados a llevar este manto críticamente importante, se les desafía a permanecer conectados con Dios y comprometidos a mantener siempre aceite fresco en un tiempo de gran engaño en el cuerpo de Cristo.

Este libro que usted está sosteniendo es verdaderamente una guía para aquellos que llevan el bendito llamado de profeta y debe leer para cualquier persona que desee entenderse a sí mismo o a otros profetas de una manera más profunda. Magistralmente escrito con nuggets de sabiduría importante exudando de cada página, este es un libro que agregará valor a su biblioteca de ministerio durante muchos años por venir.

Anesha Sharp, Autora
Aneshasharp.com

PREFACIO

"Nunca he visto tanta gente deseando el púlpito más que Su presencia." - Profeta Verón Ashe (1968-2014)

El significado original de la palabra "holocausto" fue "ofrenda quemada o sacrificio por fuego". Se derivó de la palabra griega holokauston, que significaba "una cosa totalmente quemada". La tradición judía y bíblica significa que el holocausto tuvo que ser Ofrecidos en el altar y consumidos por el fuego; Nada podría permanecer. El significado de la palabra se amplió en última instancia en los años 1670 para implicar "una masacre" o "destrucción de un gran número de personas, especialmente por el fuego." A partir de 1957, la palabra fue introducida en el idioma Inglés en referencia al genocidio nazi De los judíos europeos.[1]

En los añales de la historia, el Holocausto fue también conocido como la "Solución Final" y fue la culminación de una década de impactación del régimen y la política nazis; El objetivo era la purificación de la raza alemana. Para el pueblo escogido de Dios, el nazismo fue una de las épocas más graves de la historia humana y hoy, todavía trae una sensación de dolor y tristeza a aquellos que fueron afectados por ella. Hoy, los efectos y las implicaciones en la raza judía son todavía profundos y evidentes. Aunque la definición actual de la palabra es el punto de referencia para este libro, el uso original judío y bíblico se ampliará.

En el primer acto de adoración después del diluvio, Noé construyó un altar y sacrificó animales y limpió pájaros en él. La respuesta de Dios a la ofrenda de sacrificio de Noé fue un pacto con el hombre de que Él jamás volvería a maldecir la tierra (Génesis 8: 20-21).

Entonces Noé construyó un altar al Señor, y tomó de todo animal limpio y de toda ave limpia, y ofreció holocaustos sobre el altar. Y el Señor olfateó un aroma relajante. Entonces el Señor dijo en su corazón: "Nunca volveré a maldecir la tierra por causa del hombre, aunque la imaginación del corazón del hombre es mala desde su juventud; Ni volveré a destruir a todo ser viviente como lo he hecho.

La ley de primera mención deduce que la primera aparición de un principio en las Escrituras establece un plan fijo e inalterable para la interpretación de las escrituras en el futuro. Por lo tanto, se puede inferir que el holocausto era del más alto orden de las ofrendas sacrificiales al Señor.

Más tarde en las Escrituras, estas ofrendas eran comúnmente ejecutadas en el momento de las oraciones de la mañana y de la tarde. En el libro de Levítico, los principios y directrices alrededor de la ofrenda quemada fueron establecidos. Las leyes y parámetros inaugurados alrededor de la ofrenda quemada o de la adoración eran extremadamente específicos y debían ser seguidos con precisión.
Según Levítico 17: 8, 9, cualquier violación fue tomada muy en serio, y las penas eran costosas. La Ley Levítica establece:

También les dirás: Cualquiera que sea de la casa de Israel, o de los extranjeros que habitan en medio de ti, que ofrezca holocausto o sacrificio, y no lo traiga a la puerta del tabernáculo de reunión, A Jehová, que será cortado de entre su pueblo.

Nadab y Abiú (Levítico 1: 1, 2) se negaron a seguir el protocolo y ofrecieron un sacrificio tan profano y ofensivo a Dios que ambos fueron consumidos por el fuego. La Biblia usa el término "fuego extraño", que lleva la connotación de que era "un sacrificio que Dios no pidió o requirió". Su sacrificio fue iniciado por el hombre.

El Espíritu Santo me habló de algo profundamente profundo con respecto a las ofrendas de sacrificio de la iglesia moderna. Él dijo: "La muerte del espíritu humano por el fuego extraño ha sido un holocausto de proporciones épicas!"

Cuando ofrecemos sacrificios a Dios por nuestros propios deseos carnales, nuestra adoración es defectuosa. Dios desea verdadera adoración y no aceptará nada menos. Warren Wiersbe escribió,

La verdadera adoración examina y expone las profundidades de nuestro ser; Dios nos ayuda a ver nuestros verdaderos motivos y valores. En la adoración, Dios nos llama a la totalidad; Pero primero debe revelar nuestra rotura y nuestras imperfecciones. Él nos llama a la salud espiritual, pero primero debe exponer nuestras 'heridas y moretones y putrefacción de llagas' (Isaías 1: 6) y no podemos ir a otra parte para una segunda opinión.[2]

La adoración defectuosa es profanar el santuario y masacrar al pueblo de Dios a la velocidad del rayo. La iglesia es el único batallón que deja a sus soldados heridos y hemorrágicos cubiertos a través del campo de batalla mientras que hace oídos sordos y un ojo ciego a la devastación en la mano. Desafortunadamente, esta práctica parece ser una ocurrencia común, y una vez que el choque de ella pasa encima, las cosas vuelven al negocio como de costumbre. Lamentablemente, el mundo espera este tipo de conducta de la iglesia, y los ojos escépticos están mirando por todas partes como estos imperios artificiales se levantan y caen. La única preocupación parece ser el temor de perderlo todo, y los sacerdotes se precipitan en la desesperación para aferrarse a los reinos carnales que han construido.

Este libro está dedicado a aquellos cuyo culto de sacrificio es puro y no profanado por la influencia carnal. Éstos son los que deben ser los Juan Bautista de su tiempo, llorando en el desierto, sin inclinarse ante el altar de la aprobación humana o sin temor a levantarse por encima de la batalla de la opinión pública.

Creo, más que nunca, que Dios está llamando a la iglesia a los principios básicos y simples de la adoración bíblica. Él está llamando a los creyentes a adorarle ausente de todos los adornos que se han establecido en las agendas modernas. Él está alejando a los cristianos de ser sensibles a los buscadores y un Evangelio diluido que es la norma en las iglesias americanas de hoy.

Continuar de esta manera creará una generación de creyentes que desean entretenimiento más de lo que desean cambiar. Haciendo más y más, una cultura de vagabundos espirituales que saltan de la iglesia a la iglesia simplemente para buscar su próxima "solución";

Estos piadosos adictos profanando sus venas espirituales con adoración contaminada.

Como líderes, estamos obligados a asegurar que no estamos siendo engañados por nuestra búsqueda de relevancia. Creo que el Señor nos está recordando todo esto: "Porque todo lo que hay en el mundo -la lujuria de la carne, la lujuria de los ojos y la soberbia de la vida- no viene del Padre, sino del mundo" (1 Juan 2: 16, NVI).

INTRODUCCIÓN

Era un servicio nocturno en la Iglesia de la Cosecha, alrededor de 1992. Yo ya había asistido al servicio de la mañana y había cantado en el coro de tres servicios; Me sentí muy cansado. Pero cuando el profeta dijo que necesitábamos regresar a la iglesia esa noche porque había una palabra del Señor, mi espíritu respondió con un abundante "¡Sí!" ¡Y "Amén!" Porque sabía que era algo que no podía perder. Mi encuentro con el mensaje profético esa noche fue alterando la vida; Recuerdo la noche como si fuera ayer.

Podía sentir absolutamente en la atmósfera que algo estaba a punto de cambiar para mí; De alguna manera sabía que nunca sería el mismo. El profeta comenzó a ministrar y dijo: "Ninguno de ustedes está aquí por accidente". No recuerdo a todos los que estaban en la habitación conmigo, pero estoy seguro de que tuvieron la misma experiencia que yo. Me estabilizó espiritualmente de una manera que no había experimentado hasta ese momento. Durante esa temporada en mi vida, mi mayor temor era perder a Dios. Esa noche arregló el asunto para siempre.

En el camino a casa, mi cuerpo temblaba tan pesado bajo la unción que apenas podía conducir. Adoré y lloré todo el camino. La melodía celestial que oí tocar en el piano era todavía cristalina en mi mente.

Cuando el profeta comenzó a llorar, hizo la siguiente declaración que modeló y modeló mi ministerio.

Lo que me asusta es la posibilidad de tener una cosa grande y no darse cuenta de que perdimos a Dios en alguna parte. Los predicadores mueren, y las iglesias perecen tratando de sostener por la intervención humana lo que nació de la inspiración divina. Los hombres se desmoronan tratando de mantener unidos por el ingenio humano lo que sólo el Espíritu Santo pudo orquestar.

Ninguno si significa algo si la presencia de Dios se va cuando salgas del púlpito. ¿Qué es lo que, si Dios te lo dio, desafiaría Su lugar en tu corazón? ¿Qué es lo que rivalizaría con tu afecto por

Dios si lo tuvieras? ¿El tener la presencia de Dios es más importante para usted que cualquier otra cosa?

Debemos querer Su presencia más que fama, notoriedad o popularidad. La prosperidad y el éxito son una cosa peligrosa si su corazón no está fijo o en el lugar correcto. La gente ha entrado en Canaán y se autodestruyó porque su corazón no estaba fijo en Dios.[3]

Pionero profético, por favor, no se deje destruir por la bondad de Dios. No permitas que tu ministerio se acobarde bajo el peso de deseos y placeres pecaminosos. Mantén tu corazón enteramente dedicado a Él. Porque el Señor te necesita.

PRIMERA PARTE

VIDA PROFÉTICA PRÁCTICA

Recuerdo de un tiempo en que todo lo sagrado fue escrito y todo lo escrito era sagrado - Desconocido

VIDA PROFÉTICA PRÁCTICA

1

¿QUÉ ES UN PROFETA?

Un don profético en su forma más pura es un reformador; La voz de Dios en la tierra, un portavoz, un portavoz inspirado para enseñar o proclamar la voluntad de Dios, representante y embajador de Dios. El apóstol Pablo escribió en Efesios 4:11 y 12:

> *Y él mismo dio a algunos para ser apóstoles, algunos profetas, algunos evangelistas, y algunos pastores y maestros, para el equipamiento de los santos para la obra del ministerio, para la edificación del cuerpo de Cristo.*

En esta coyuntura en la historia bíblica, Jesús había descendido a las entrañas de la tierra, estaba posicionado para ascender por encima de los cielos para sentarse a la derecha del Padre y estaba en el proceso de cumplir con sus deberes terrenales. Durante Su ministerio, Él encarnó los cinco dones, pero ahora estos dones necesitaban ser distribuidos a través del cuerpo en Su ausencia. Estos dones serían depositados en los espíritus de hombres y mujeres bajo el gobierno del Espíritu Santo para expandir el alcance de Su iglesia.

Es evidente que todos los dones son necesarios y necesarios para que la iglesia crezca, sea sana y funcione correctamente, pero el don profético afecta a la iglesia de manera significativa. Los profetas son extremadamente discernidores, carismáticos y muy persuasivos, lo que puede ser la razón por la que Jesús está instando a los creyentes en los últimos días a ser conscientes de los falsos profetas (Mateo 7:15).

Residente en el don profético es el poder de mover la iglesia exponencialmente hacia delante. Los profetas, que son los ojos y la voz definitoria de la iglesia, son usados por Dios para edificar y madurar a Su pueblo. No son llamados por los hombres, sino que son sancionados y ordenados en el vientre de sus madres; Los hombres sólo pueden afirmar y reconocer el don. Dios habló a Jeremías en Jeremías 1: 5 y dijo: "Antes que te formara en el vientre te conocí; Antes de que nacieras te santifiqué; Yo te di por profeta a las naciones. "Este pasaje confirma tu llamado. Antes de que nacieras, Dios te consagró y te designó para el servicio. La palabra "sabía" proviene de la palabra hebrea Yada, que conjetura que Dios era íntimo y conocía bien tu propósito mucho antes de que fueras concebido.

Quiero aclarar que simplemente profetizar no hace a una persona un profeta. Hay una gran diferencia entre el don de la profecía y el oficio del profeta. El don del Espíritu Santo administrado en 1 Corintios 12: 7-11 se distribuye como Él, el Espíritu Santo, quiere. La distribución de estos dones se basa en la necesidad actual y las circunstancias de la iglesia.

La oficina de un profeta, por otra parte, es una posición estacionaria en el cuerpo de Cristo cuya función va mucho más allá de la profecía. El oficio de dar tiende a ser más administrativo y jurisdiccional en la naturaleza. Un gobierno espiritual acompaña a la oficina, y se asignan a ciertos territorios y personas. Su responsabilidad es controlar el tráfico espiritual de las regiones y / o territorios en los que han sido asignados.

El Espíritu Santo me habló un día y dijo: "No os asigno a las iglesias; Te asigno a la gente ". Esta instrucción me dio más claridad y comprensión de cómo se suponía que debía posicionarme organizativamente en la iglesia local.

He sido miembro de cinco iglesias locales en mis treinta años de ministerio. Independientemente de cómo intento permanecer discreto, los profetas siempre parecen gravitar hacia mí, lo que crea una oportunidad para servir. En mi iglesia actual, hay más de 10.000 miembros. Mi meta era ser ministrada y reabastecida, pero el plan de Dios era para mí liberar la unción de sanación a los profetas que habían estado orando y esperando mi llegada. El joven profeta, entendiendo que no tienes que darse a conocer es importante. Dios siempre alertará a alguien de su presencia. Sentarse, adorar y ser fiel hasta que abra una puerta para el servicio.

Además, es importante reconocer que cuando estamos funcionando como profetas, no hemos sido enviados para socavar la autoridad de la iglesia. Funcionamos proféticamente cuando el Señor abre las puertas y bajo los auspicios del liderazgo designado. Tienes autoridad donde tienes responsabilidad. Si el liderazgo es resistente a la llamada, entonces la oración y el servicio dedicado deben ser su recurso hasta que Dios hable a los que están en la autoridad.

VIDA PROFÉTICA PRÁCTICA

2

¿CÓMO SÉ SI SOY UN PROFETA?

1 Juan 2: 20-21 (RV) dice: "Pero vosotros tenéis unción del Santo, y vosotros sabéis todas las cosas. No os he escrito porque no sabéis la verdad, sino porque lo sabéis, y que ninguna mentira es de la verdad ". Este pasaje se refiere a discernir la verdad del error en relación con la persona de Jesucristo, pero creo que Es relevante para ayudarnos a comprender que el Espíritu Santo nos da toda la información que necesitamos sobre quiénes somos. La palabra griega para unción es carisma, que significa "ungir con aceite". En el Antiguo Testamento, el elegido de Dios sería físicamente ungido con aceite para simbolizar que la mano de Dios estaba sobre él. Unción para nosotros se refiere "al ministerio de enseñanza y donación del Espíritu Santo, guiando al creyente receptivo a la plenitud de la voluntad preferida de Dios."[4]

Una de las maneras en que usted sabe que es un profeta es porque el Espíritu Santo le dice. He conocido a tantas personas que, cuando empiezo a hablar del ministerio profético, algo en ellos se acelera. Muchos me han dicho que alguien en su vida les dijo que eran profetas antes. Dios es fiel en dirigir y guiar a su pueblo. Que El confirme el don; No es su naturaleza dejar a una persona ignorante.

Las Escrituras indican que el contacto inicial de Dios con un profeta es a través del medio de los sueños, como se registra en Números 12: 6, que dice: "Oíd ahora mis palabras: si hay un profeta entre vosotros, En una visión; Hablo con él en un sueño. "Muy temprano, muchos profetas tienen una vida de ensueño extremadamente activa y viva donde los detalles específicos se pueden recordar claramente. Estos no son los únicos signos, pero creo que los más comunes. Mis sueños de niño eran muy vibrantes. También experimenté con frecuencia lo que el mundo llama déjà vu; Siempre tuve la sensación de que había estado en alguna parte antes. Ahora entiendo como un profeta creciente que yo estaba viendo las cosas en el reino espiritual antes de verlas en la naturaleza.

Como ya se mencionó, Dios inicialmente visita a los profetas en sueños y visiones para entrenarlos a entender lo sobrenatural y familiarizarse con Su voz. Hace poco tuve un sueño en el que estaba discutiendo un juego de cartas con alguien, y le pregunté: "¿Encontraron las cartas de brujería?" Mi pregunta sonó tan ridícula que me desperté riendo. Según www.thinkfun.com, Swish ™ es un juego de cartas espacial que te desafía a ser el primero en hacer "swishes" o partidos. En lo natural, este juego era completamente ajeno a mí. Yo nunca habría tenido esta información en lo natural y ni siquiera sabía que este juego de cartas existía. Dios me estaba enseñando a acceder a lo sobrenatural ya profundizar mi entendimiento de que todo lo visto existe en alguna forma en el reino de la tierra o del espíritu; Simplemente no puede ser conocido para mí, pero el Espíritu Santo hace que todas las cosas sean conocidas en Su propósito. En un capítulo posterior, explicaré el propósito de los sueños y las visiones. También le proveeré de herramientas sobre cómo manejarlas de manera efectiva y bíblica.

Otro aspecto de un don profético es que usted es muy consciente de que hay un reino espiritual. Niña, ni siquiera era criada en la iglesia ni había aceptado a Cristo. Tampoco tenía comprensión de los asuntos espirituales, pero me sentía extremadamente espiritual. A menudo sentía la presencia de Dios y pasaba largas horas hablando con un Dios a quien nunca había conocido formalmente y con frecuencia tuve encuentros con espíritus demoníacos o personas influenciadas por ellos.

Sin el entrenamiento necesario y necesario, el don profético también puede causar una gran inestabilidad mental y emocional. Ver cosas, no quiere ver y recibir información que no sabe cómo usar puede atormentar a un profeta. Cuando mi regalo comenzó a florecer, me sentí extremadamente confundido y abrumado. No fue hasta que un profeta experimentado me tomó bajo su ala y comenzó a entrenarme que todo lo que estaba experimentando comenzó a hacer sentido.

El profeta también puede engañarse y dirigir su búsqueda de una conexión espiritual hacia el acceso no autorizado e ilegal del reino espiritual. Porque no fui educado en la iglesia, mi don profético fue muy equivocado. Lo usé para invocar espíritus demoníacos, contar fortunas y trazar mi vida a través de los horóscopos.

VIDA PROFÉTICA PRÁCTICA

También me fascinó la mitología griega y tablas de Ouija. Yo estaba completamente ajeno a las puertas espirituales que estaba abriendo o el daño que estaba haciendo a mi alma.

Mi madre era profeta, pero debido a que la oficina o el don no se comprendía claramente en ese momento, ni tampoco fuimos asistentes regulares a la iglesia, en vez de ir a Dios buscó el consejo de médiums. Esto abrió la puerta a un espíritu de enfermedad mental. Tengo un recuerdo extremadamente dramático de la crisis nerviosa de mi madre y posesión demoníaca. Las escrituras proporcionan ejemplos de la forma en que los espíritus demoníacos pueden atacar a las personas, que incluyen la enfermedad física, la angustia mental, la propagación de la falsa doctrina, la guerra espiritual y para una persona no salva a través de la posesión.

Muchos que se llaman a sí mismos psíquicos potencialmente pueden encarnar el oficio de un profeta; El regalo está presente, pero cuando una persona busca su información determinará para quién está trabajando. Los psíquicos reciben su información del espíritu de adivinación, que es la brujería; Los profetas reciben su información del Espíritu Santo para edificar al pueblo de Dios según lo documentado en 1 Corintios 14: 3, 4, *"Pero el que profetiza habla edificación, exhortación y consuelo a los hombres. El que habla en una lengua se edifica a sí mismo, pero el que profetiza edifica a la iglesia"* He oído la expresión "Bruja de la iglesia" Varias veces recientemente. Este es un término que se auto-refuta. No puedes ser parte de la iglesia y ser una bruja. Estas personas son no regeneradas y controladas por influencias demoníacas para minar la autoridad, avanzar en sus propias agendas y frustrar la progresión del ministerio. Estas personas deben ser echadas fuera y retiradas de las instalaciones una vez que se identifican. Cuando haces eso, todo y todos los que están unidos a ellos seguirán. No puedes aconsejar a un demonio.

Es de gran importancia para un profeta entender lo más pronto posible cuál es su función bíblica porque el ataque del enemigo puede ser debilitante si no es reconocido. Me parece que, al hablar con muchos profetas a lo largo de mi ministerio, todos ellos aparentemente experimentaron excesivo rechazo doloroso y tormento mental en su infancia. En mi experiencia, muchos profetas, incluido yo mismo, han experimentado alguna forma de abuso sexual o físico. Mi padrastro me odiaba. Con frecuencia me ponía en castigo y me golpeaba con una cuerda de extensión hasta que mi piel se rompió. Estoy claro ahora, el espíritu de Herodes estaba tratando de destruirme emocionalmente antes de recibir la revelación de quién era yo.

Comprender quién eres impide que los profetas utilicen sus dones para destruirse a sí mismos o alejar a la gente de Dios. La función primaria del profeta es conducir a la gente hacia Él. Esta sociedad está repleta de experiencias espirituales que no incluyen a Dios, y la gente está buscando desesperadamente respuestas para las preguntas urgentes de la vida. Un buen consejo nos recuerda que Dios no nos muestra cosas por dañar a ningún individuo, sino por traer sanidad, santidad, claridad y reconciliación.

Por último, el camino profético se caracteriza por la soledad. Creciendo, no podía entender por qué nunca parecía encajar; Siempre me sentí como una clavija cuadrada en un agujero redondo. Dios, por supuesto, rodeará a un profeta con personas que lo aman, pero el profeta nunca será parte de la "multitud". En casi todos los encuentros bíblicos, los ambientes a los que se llamaban los profetas eran a menudo hostiles. El pueblo no tenía ninguna preocupación o deseo de oír, y mucho menos obedecer la voz del Señor.

3

EL PROFETA DEL NUEVO TESTAMENTO

Algunos elementos específicos gobiernan al profeta del Nuevo Testamento porque con el advenimiento del Espíritu Santo, cada creyente tiene acceso a la dirección divina ya la información. Generalmente, cuando un profeta del Nuevo Testamento profetiza, está corroborando lo que Dios ya ha hablado a una persona. Muchas veces, la palabra es confirmación más que información. Para los profetas del Nuevo Testamento, la vida no es tan rigurosa como lo fue para sus contrapartes del Antiguo Testamento; Sin embargo, la asignación profética sigue siendo una responsabilidad que no se puede perder.

En el Antiguo Testamento, los profetas gobernaban la nación y el pueblo por la ley escrita. Su responsabilidad principal era anunciar advertencias y juicios a orden del Señor. Se quedaron solos y sólo respondieron a Dios. Los profetas del Nuevo Testamento son impulsados por la gracia y su enfoque es fortalecer y alentar a la iglesia. Una de las principales responsabilidades de un profeta del Nuevo Testamento es crear avenidas donde la gente pueda reconciliarse con Dios. El apóstol Pablo escribió 2 Corintios 5:18, *"Ahora todas las cosas son de Dios, que nos ha reconciliado consigo mismo por medio de Jesucristo, y nos ha dado el ministerio de la reconciliación…"* Profetizando por sí mismo es insuficiente si una persona no se mueve en una relación más profunda con Dios.

Además, el profeta del Nuevo Testamento no sólo responde a Dios sino a la iglesia. Deben aceptar el hecho de que son parte de la iglesia y no se supone que sean *"Guardabosques solitarios"*. El profeta Kris Vallotton dijo, "El día de ministrar a la iglesia y no ser parte de ella, es más."

Dios me habló hace unos años y me dijo que, "Ve a buscar a los profetas en las carreteras y los caminos." Desde entonces, he conocido a tantos profetas que no tienen una iglesia en casa. Creo que hay tres razones principales. Primero, muchos han sido heridos y ofendidos por la iglesia, y una herida en la iglesia es muy dolorosa. Se mantienen alejados porque se están conservando y no confían en que Dios puede protegerlos. En segundo lugar, tienden a ver más que la mayoría de la gente. Un profeta puede llegar a ser muy orgulloso y arrogante y concluir que la comunión con otros santos ya no es importante ni requerida. Tercero, el profeta puede estar en completa rebelión contra Dios y rechazará toda la sana doctrina o instrucciones.

4

VERDADERO O FALSO

Cómo decir la diferencia entre un falso profeta y un verdadero profeta de Dios es una pregunta que la mayoría de la gente está interesada en haber respondido. Inicialmente, la Biblia nos informa en Mateo 7: 15-16 (AMP),

> *Guardaos de los falsos profetas, que vienen a vosotros vestidos como ovejas, que parecen mansos e inocentes, pero por dentro son lobos voraces. Por su fruto los reconoceréis [es decir, por su doctrina artificial y auto-enfoque]*

Los falsos profetas son aquellos que han sido llamados o comisionados por Dios y han optado por operar en error y carne. Si el profeta es falso debe haber habido un elemento de verdad que existió en un punto de su vida. Una de las maneras iniciales de identificar a un verdadero profeta de Dios es si puede sentir una presencia fuerte e identificable del ministerio del Espíritu Santo en sus vidas, la cual se manifiesta en amor y humildad. La arrogancia y el orgullo de un falso profeta se puede cortar con un cuchillo. Son muy extravagantes, egoístas y egoístas. Sólo usan la unción para cautivar a las multitudes y aprovechar el deseo del pueblo de escuchar a Dios. Los falsos profetas siempre se aprovechan de los débiles, desvalidos y rotos.

Cuando un verdadero profeta deja tu presencia, lo único que recordarás es el mensaje. Un verdadero profeta nunca distraerá de la presencia de Dios. Un falso profeta es muy elocuente en el habla y se asegurará de que recuerde su nombre. El Día del Juicio, ellos todavía estarán abogando por su caso. Mateo 7:22 (NVI) dice, *"Muchos me dirán en aquel día: Señor, Señor, ¿no profetizamos en tu nombre y en tu nombre, echamos fuera demonios y en tu nombre hacemos muchos milagros?"*

Un pastor conocido recuerda cuando era más joven que el mensaje de un evangelista visitante cautivó su alma. Se acercó al evangelista después del servicio y le dijo lo asombroso que era su mensaje y cómo sus palabras impactaron su vida. El evangelista contestó, "¿Qué vas a hacer al respecto?" y se alejó. Ese evangelista no tenía ninguna intención de sacudir su pedigrí o hacer una conexión personal. Su única misión era hacer un depósito divino.

Un verdadero profeta sólo se preocupa de cómo su mensaje afecta a sus oyentes y la fuente es siempre la Palabra de Dios. Su mensaje nunca se desviará de él y no está lleno de opinión y alegorías. Un profeta falso envía mensajes de un espíritu de adivinación y siempre retorcerá la Palabra de Dios para que encaje en su agenda maligna. Una bandera roja para mí es cuando un profeta utiliza la Palabra de Dios con moderación o carece de la revelación para exponer sobre ella. Los dichos profundos e inteligentes no siempre están en línea con la verdad bíblica.

Además, la gente tiende a pensar que debido a que un profeta falso puede decirle a alguien con exactitud su nombre, dirección o número de teléfono que él es un profeta de Dios. Esa persona puede tener un don profético, pero el Espíritu Santo no siempre es la fuente de su información; Más bien, los espíritus familiares son generalmente los culpables detrás de estas operaciones. Los falsos profetas llevarán progresivamente a las personas lejos de Dios, haciéndolas confiar en la palabra de un hombre, en lugar de la palabra del Señor.

La exactitud de una palabra no confirma que un mensaje vino de Dios. Los adivinos, los espíritus familiares, los adivinos y los horóscopos también pueden ser precisos. La prueba de la verdadera profecía es el tiempo. La Biblia dice en 1 Samuel 3:19 (NVI), el Señor *"...Que ninguna de las palabras de Samuel caiga al suelo."* La profecía auténtica vendrá a pasar y mover a los creyentes en una relación más profunda, más íntima con Dios, resultando en la madurez espiritual. Así como un padre natural no le dará a su hijo nada de lo que quiera, Dios no les dará a Sus hijos todo lo que deseen. Solamente libera aquellas cosas que están de acuerdo y están en alineación sinérgica con Su propósito y voluntad divinos para la vida de una persona.

Si una persona no es cuidadosa, las palabras de los falsos profetas pueden abrir la puerta a un espíritu de lujuria, dando a un individuo la impresión de que Dios se hace disponible para satisfacer los deseos carnales de una persona. Hará que una persona piense que Dios está interesado en el progreso personal de un individuo más que en construir su propio reino.

VIDA PROFÉTICA PRÁCTICA

La cultura religiosa actual trata la profecía como una réplica barata de la adivinación pagando a los profetas por una palabra. La profecía no puede ser buscada; La profecía busca a la persona. La postura correcta de un creyente es y siempre será buscar a Dios, no regalos ni poder. En estos días, caer en las trampas de los falsos profetas astutos y engañosos es increíblemente fácil. Su dios es su vientre (Filipenses 3:19), y usan sus dones para su propia satisfacción personal y ganancia mal obtenida. La Biblia firmemente advierte a los creyentes contra el ministerio del falso profeta en los siguientes pasajes:

> *Hijo de hombre, profetiza contra los profetas de Israel que profetizan, y dicen a los que profetizan de su corazón: "¡Oíd palabra de Jehová!" Así dice el Señor DIOS: "¡Ay de los profetas insensatos que siguen Su propio espíritu y no han visto nada! (Ezequiel 13: 2, 3).*

El factor más determinante para hacer la delineación entre un falso profeta y un verdadero profeta es la vida que viven. La vida de un verdadero profeta está en orden y ejemplifica el carácter piadoso. Cuando digo orden, no estoy insinuando la perfección, sino que me refiero a una persona que lleva el corazón de Dios y usa la Palabra de Dios como guía. Lo que una persona hace es mucho más importante que lo que dice. Debido a que un verdadero profeta maduro transmite el corazón de Dios, posee una habilidad por encima de la media para manifestar el amor de Dios a Su pueblo (Romanos 5: 5). Satanás puede duplicar e imitar todo en el reino excepto un santo que ha sido verdaderamente convertido.

Puesto que todos hemos recibido el ministerio de reconciliación como se mencionó anteriormente, los profetas no pueden ser elevados en el juicio y bajo en la misericordia. Esto no incluye las veces que un profeta ha sido instruido por Dios para traer una fuerte palabra exhortativa y tampoco significa excusar el pecado. Romanos 6: 1 (NVI) dice, *"¿Qué diremos entonces? ¿Seguiremos pecando para que la gracia crezca?"* Porque somos creyentes del Nuevo Testamento y estamos llenos del Espíritu Santo, la prueba final es confiar en el Espíritu de Dios. Él no permitirá que usted sea engañado. Muchos se engañan porque desean algo más que la voluntad de Dios. Ellos tienen lo que la Biblia se refiere como "picazón en los oídos". Pablo escribió a Timoteo, *"Porque vendrá el tiempo en que la gente no soportará la sana doctrina. En su lugar, para satisfacer sus propios deseos, reunirán alrededor de ellos un gran número de maestros para decir lo que sus oídos picosos quieren escuchar"* (2 Timoteo 4: 3, NVI).

Profeta de Dios, tu vida es el mensaje, y vivir una vida de santidad es una necesidad absoluta. Debido a la magnitud en la cual su unción profética afecta la vida del pueblo de Dios, es imperativo que el fruto del Espíritu fluya a través de su vida como un río ilimitado. La vida del profeta debe ser un ejercicio constante en manifestar el amor de Dios.

5

¿EL MINISTERIO PROFÉTICO EN MOVIMIENTO?

El ministerio profético es una continuación y perpetuación del ministerio de Jesucristo. Los profetas no son el centro de lo que hacen; Más bien, son parte del cuerpo. Separados y separados del cuerpo, los profetas son insignificantes. 1 Corintios 12:12 amonesta, *"Porque como el cuerpo es uno y tiene muchos miembros, pero todos los miembros de ese cuerpo, siendo muchos, son un cuerpo, así también Cristo."* Los profetas son parte de una red sobrenatural y el propósito de la iglesia es ser una zona de convergencia para todos los dones para que el cuerpo de Cristo pueda ser plenamente operativo y enriquecido. Entender el ministerio profético es observar cómo Jesús guio a la naciente iglesia y enfrentó espíritus demoníacos.

Uno de los papeles fundamentales de un profeta es las expresiones divinamente inspiradas a través de los canales de profecía, palabras de sabiduría o palabras de conocimiento. Por lo tanto, a un profeta bíblico se le da la carga de presentarse como un portavoz y anunciar un mensaje en nombre de Dios. Los profetas establecen normas de justicia, confrontan las herejías del día y declaran la verdad y la voluntad de Dios concernientes a la iglesia. Las declaraciones de un profeta siempre contienen la intención del corazón de Dios para Su pueblo. Estos deberes culminan en la vida del profeta como un firme defensor de la fe. En respuesta a los falsos maestros, Judas se dirigió a sus hermanos creyentes en Judas 1: 3 (NVI) diciendo, *"Queridos amigos, aunque estaba muy ansioso por escribirles acerca de la salvación que compartimos, me sentí obligado a escribir y les instó a luchar por la fe que una vez fue confiada al pueblo santo de Dios."*

A veces, entregar la palabra del Señor a un individuo puede ser intimidante porque el profeta nunca puede estar seguro de cómo reaccionará el receptor. La persona tiene la opción de aceptar o rechazar el mensaje. En última instancia, él no está aceptando o rechazando al profeta, sino que está rechazando a Dios. El mensaje nunca es personal.

Un amigo profético mío entregó un mensaje a una familia para quien ella estaba cuidando, y ellos respondieron: "Decidimos no recibir tus palabras" Aunque todo lo que ella declaró llegó a pasar. Una persona que recibe o rechaza la palabra no disminuye la potencia o exactitud de la palabra que Dios le ha dado al profeta. Jesús ordenó a sus discípulos en Mateo 10:14 (NVI), *"Si alguien no le da la bienvenida o escucha sus palabras, deje esa casa o ciudad y sacuda el polvo de sus pies."*

Es importante que un profeta entienda que cuando el Señor le habla y le dice que hable, debe ser hecho. No es una sugerencia ni una opción sino un comando. Un profeta debe tener el valor de hablar como el oráculo de Dios mientras se divorcia de la respuesta de las personas. La palabra debe ser pronunciada de la manera precisa, en el lugar preciso a la persona precisa en el momento preciso. Al entregar un mensaje decir lo que Dios está diciendo, ni más ni menos. Debes resistir la tentación de embellecer una palabra para que suene profundamente.

Me estaba preparando para hablar en una conferencia, y mientras buscaba a Dios por dirección, el Espíritu Santo me habló de que alguien estaría tratando asuntos relacionados con la fertilidad. Antes de la reunión, estaba un poco vacilante para hablar porque al entrar en la sala de conferencias, me di cuenta que estaba lleno de mujeres mayores. Su interés en tener un bebé era muy improbable. Cuando comencé a hablar, la palabra del Señor volvió a mí; Así que lo hablé como el Espíritu Santo me instruyó. Todos miraron alrededor y nadie respondió. He aprendido a confiar en el Espíritu Santo sin importar lo que dicten las circunstancias naturales. También he madurado al lugar que prefiero hablarlo y estar equivocado que no hablarlo y hacer que alguien pierda su oportunidad en Dios.

Después de la conferencia, una mujer vino a mí y dijo, "Tengo dos niños, pero me vuelvo a casar. Mi novio y yo queremos tener un hijo, pero tengo endometriosis. "Sabía que la endometriosis es una enfermedad, que hace que el tejido que normalmente líneas del útero para crecer fuera del útero. El resultado es dolor severo e infertilidad. Le puse las manos en su vientre y le ordené que se alineara con la palabra que el Espíritu Santo me había hablado. Quizás nunca vuelva a ver a esta mujer, pero creo que por fe se cumplirá la palabra del Señor porque Él la ha dicho, no porque la haya oído.

En mis primeros años, asistí a una Cruzada Benny Hinn y había un hombre sentado frente a mí. El Espíritu Santo me instruyó a poner mis manos sobre sus hombros y orar porque el hombre estaba en un estado de incredulidad. Yo estaba demasiado asustado para responder, pero después de que el servicio terminó traté de encontrarlo y no podía. El Espíritu Santo me habló y me dijo: "Es importante obedecer en ese momento porque nunca tendrás otra oportunidad de cambiar la vida de una persona si ignoras la primera directiva".

En otro caso, en una línea de oración, una mujer pidió acuerdo sobre el inminente aborto de su segundo hijo. Ella dijo: "He estado dentro y fuera del hospital para evitar que ocurra este aborto". Oramos y la palabra del Señor vino y dijo: "No tengas miedo; Su cérvix permanecerá cerrado."

Una semana después fue trasladada al hospital con contracciones y angustia severa. El informe del médico decía: "Tu útero está bajo angustia, pero tu cuello uterino está cerrado." Estoy muy contento de decir que unos meses más tarde, ella entregó a una hermosa niña que ahora tiene alrededor de dos años de edad en el momento de escribir este libro. En consecuencia, debemos confiar más en el Espíritu Santo que confiar en nuestros sentimientos, o la gente puede perder la mano del Señor operando en sus vidas. No estoy diciendo que la gente no puede obtener la información en otro lugar, pero creo que, si Dios los envía a usted, usted tiene su palabra de liberación.

He descubierto que cuando es Dios, la palabra continúa agitando hasta que yo la suelto. La advertencia a esto es que debemos tener cuidado de no profetizar demasiado. A veces, un profeta puede permitirse ser un instrumento del enemigo simplemente diciendo lo que viene a su mente y etiquetarlo como *profecía*. Contrariamente a la creencia popular, los profetas profetizan con poca frecuencia en oposición a una ocurrencia diaria o semanal. Las referencias bíblicas muestran que los profetas no profetizaron tanto. Por lo tanto, un profeta debe asegurarse de que lo que está diciendo a la gente es verdaderamente inspirado por el Espíritu Santo. Además, un profeta puede interpretar erróneamente una palabra de sabiduría o una palabra de conocimiento como una palabra profética. Por lo tanto, debe protegerse de intoxicarse con su regalo.

He estado en ministerios que creen que un profeta puede profetizar en el lugar y aparentemente todos en el ministerio tienen una palabra profética. El don público de lenguas y la interpretación está estrechamente relacionado con el don de la profecía. La instrucción bíblica de Pablo era que debía haber dos o tres profetas a lo sumo hablando en un ambiente público. 1 Corintios 14: 27-29 dice,

Si alguien habla en una lengua, que haya dos o como máximo tres, cada uno a su vez, y que uno interprete. Pero si no hay intérprete, que se mantenga en silencio en la iglesia, y que hable a sí mismo y a Dios. Que hablen dos o tres profetas, y que los otros juzguen.

Cuando hay más de dos o tres, es el frenesí espiritual y el caos. Ser parte de tal ministerio puede ser extremadamente peligroso para los nuevos creyentes porque comenzarán a confiar más en la palabra del profeta que en la Palabra de Dios. Confiarán en el emocionalismo más que en el ministerio auténtico. Es importante que los profetas enseñen a las personas a no depender de ellas, sino que dependen del Espíritu Santo y de la Palabra eterna de Dios.

La responsabilidad profética incluirá construir y gobernar la moralidad. Jeremías 1:10 ejemplifica el mandato profético: "Dios dijo: 'Mira, hoy te he puesto sobre las naciones y sobre los reinos, para arrancar y derribar, para destruir y derribar, para edificar y para plantar'". Dios envía profetas a la escena cuando es el tiempo designado para construir o derribar una obra.

Además, los siguientes dones, que son dados por el Espíritu Santo, operan regularmente a través de sus ministerios:

- o **Palabras de la sabiduría:** Estas declaraciones inspiradas dan a la persona que recibe la palabra una perspectiva sobrenatural junto con información y autoridad divinas para cumplir la voluntad de Dios en una situación específica. El conocimiento comunicado no es sabiduría terrenal sino una descarga sobrenatural de información verificable, lo que permite la aplicación hábil del conocimiento.

- **Palabras de Conocimiento:** Esto está estrechamente relacionado con palabras de sabiduría. Una palabra de conocimiento es revelada a un profeta por el Espíritu. Es la capacidad de ser capaz de averiguar lo que Dios está haciendo actualmente o tiene la intención de hacer en la vida de una persona. Las palabras de conocimiento sólo proporcionan información sin instrucción divina. Por eso, las palabras de conocimiento deben trabajar conjuntamente con palabras de sabiduría.

  Cuando un profeta puede revelar la información personal de un individuo, es un ejemplo de palabras de conocimiento en funcionamiento. Un profeta usa este ejemplo para alertar a una persona de que el Espíritu de Dios está presente, pero en sí mismo, es información inútil.

- **Discernimiento de los Espíritus:** Esta "Capacidad sobrenatural para discernir y descubrir los agentes de espíritus humanos y demoníacos" Permite al profeta identificar si una persona está siendo influenciada por el Espíritu Santo o fuerzas demoníacas. Este regalo en funcionamiento es clave para cumplir el destino de uno como espíritus demoníacos que operan a través de las personas están constantemente trabajando en frustrar el plan de Dios en la vida de una persona. Pablo dijo en 1 Corintios 16: 9, *"Porque una puerta grande y eficaz me ha abierto, y hay muchos adversarios."* Pablo habría sido incapaz de discernir oposición adversaria sin el don del discernimiento.

- **Sanaciones y Milagros:** Estas son manifestaciones sobrenaturales del poder sanador de Dios. Una curación es "un acto progresivo de restauración", es la intervención soberana del Espíritu Santo acompañada de la instrucción divina. Un *milagro* es instantáneo y anula las limitaciones de tiempo naturales. Los milagros se manifiestan como un testamento a la gloria de Dios y para autenticar la autoridad presente del Espíritu Santo.

En Hechos 3: 2-10, el hombre de la puerta hermosa quería dinero, pero en su lugar, su capacidad para caminar fue restaurado. La Biblia dice que él entró en el templo saltando y alabando a Dios, y el pueblo se sorprendió y se llenó de asombro. Podemos averiguar a partir de este pasaje que la única responsabilidad del profeta es entregar la palabra del Señor. No está obligado por la responsabilidad de asegurarse de que la gente lo reciba.

Otro principio clave para comprender es que los profetas son llamados a cada paso de la vida y pueden operar fuera de la configuración de la iglesia. La carga determina la responsabilidad. Martin Luther King, Jr., llevó una carga para el cambio social y la injusticia racial; Por lo tanto, no pasó innumerables horas dentro de las cuatro paredes de un edificio, sino fuera en las calles como uno clamando en el desierto por la justicia y la igualdad.

Al terminar este capítulo, quiero abordar uno de los ataques más comunes contra el ministerio profético en las iglesias de hoy. Muchos creen que la función del profeta ha cesado. Sin embargo, según los relatos del Nuevo Testamento (Mateo 23:34, Lucas 2:36, Hechos 21: 9 y Romanos 12: 4-6), ¡el don está vivo y bien!

Desafortunadamente, la mayoría de las iglesias no tienen espacio para el ministerio del profeta sin importar cuán vital es esta función para la salud, el éxito y el vigor del ministerio. Para que la iglesia cumpla con éxito su misión, el don profético debe trabajar en sinergia con los otros dones dados por el Cristo resucitado y ascendido. Nuestra oración es que la iglesia no se convierta en una organización "no profeta".

6

LA RESPUESTA ADECUADA A UNA PALABRA PROFÉTICA

La respuesta inicial a una palabra profética es juzgarla por el Espíritu Santo. Como se discutió anteriormente, una palabra de un profeta es generalmente una confirmación de lo que Dios ya ha hablado a una persona. Aunque, hay ocasiones en que la palabra pronunciada por un profeta es *información*. Cuando eso me sucede, mi regla general es que rara vez rechazo un mensaje de un profeta en quien confío; La palabra operativa es confianza. Un profeta de confianza es aquel cuyo ministerio ha sido probado. También espero pacientemente que el Espíritu Santo confirme el mensaje. Pablo el apóstol escribió en 2 Corintios 13: 1 (NVI), *"Todo asunto debe ser establecido por el testimonio de dos o tres testigos."*

La respuesta secundaria y clave de una persona es declararla y hablarla hasta que se manifieste en la tierra o tiene una unción divina en su espíritu que la materia está resuelta. Cada vez que se da una profecía, se da con el fin en mente. Declarar la palabra profética no es así, sino que es para ayudarlo a permanecer en una posición de fe. Pablo recordó a los corintios que el catalizador de su fe escuchaba persistentemente la palabra de Dios (Romanos 10:17). Además, 2 Pedro 1:19 (NVI) nos recuerda, *"También tenemos el mensaje profético como algo completamente confiable, y harás bien en prestar atención a él, como a una luz que brilla en un lugar oscuro"*.

A continuación, posicionarse para responder ofensivamente al ataque del enemigo porque cada palabra pronunciada será probada. Asegúrese de que entiende que su vida está escondida en Cristo (Colosenses 3: 3); Los ángeles del Señor están acampados a tu alrededor (Salmo 34: 7), y ninguna arma formada contra ti prosperará (Isaías 54:17). El propósito de la profecía es armarte con armas para superar estrategias y ataques demoníacos; Te hace listo para la batalla.

VIDA PROFÉTICA PRÁCTICA

¡La profecía defiende a los ciudadanos del reino y los mueve progresivamente hacia su propósito divino, pero no sucederá sin una lucha!

La Sra. Charles E. Cowman, la autora de Streams in the Desert escribió lo siguiente sobre la guerra espiritual:

Se ha dicho a menudo que un ejército despiadado sale a la batalla con la certeza de ser golpeado. Oímos a un misionero decir recientemente que había sido invalidada en casa puramente porque su espíritu se había desmayado, con la consecuencia de que su cuerpo se hundió también. Necesitamos entender más de estos ataques del enemigo sobre nuestros espíritus y cómo resistirlos. Si el enemigo puede desalojarnos de nuestra posición, entonces él busca "desgastarnos" (Daniel 7:25) por un asedio prolongado, de modo que al fin, por pura debilidad, soltamos el grito de victoria.[5]

Pablo le dijo a Timoteo: *"Este cargo os encomiendo a vosotros, hijo ... según las profecías que antes habéis hecho acerca de vosotros, para que por ellos hagáis una buena guerra"* (1 Timoteo 1:18). Además, la profecía no es para la ganancia del profeta, sino que es una herramienta para edificar el cuerpo de Cristo.

Pero cuando una persona habla lo que Dios ha revelado, él habla a la gente para ayudarlos a crecer, para alentarlos y para consolarlos. Cuando una persona habla en otro idioma, se ayuda a sí mismo a crecer. Pero cuando una persona habla lo que Dios ha revelado, él ayuda a la iglesia a crecer. (1 Corintios 14: 3, 4, GW).

1 Corintios 14: 3 estados, *"El que profetiza habla edificación, exhortación y consuelo a los hombres."* Si la palabra profética que se habla a usted no contiene ninguno de estos elementos, entonces probablemente no es de Dios. Una palabra profética verdadera siempre pasará.

VIDA PROFÉTICA PRÁCTICA

7

EMPODERADO POR EL ESPÍRITU SANTO

Dado que la principal responsabilidad de un profeta es entregar la palabra del Señor con precisión, debe tener una profunda comunión y comunión con el Espíritu Santo. Un profeta debe tener convicción, ser santo, operar en el poder, ser consagrado y ser santificado. Estas características sólo pueden nacer en un individuo por la Palabra y el Espíritu Santo. 2 Pedro 1:21 dice, *"Porque la profecía nunca vino por la voluntad del hombre, sino que los santos hombres de Dios hablaron cuando fueron movidos por el Espíritu Santo,"* Y 1 Samuel 10: 6 (RV) dice, *"Y el Espíritu del SEÑOR vendrá sobre ti, y profetizarás con ellos, y serás convertido en otro hombre."* Las Escrituras dan una clara indicación de que los profetas son movidos por el Espíritu de Dios para emitir mensajes divinos a Su pueblo.

En el Antiguo Testamento, el espíritu de Dios todavía no había encarnado a un creyente; Sin embargo, los profetas, los sacerdotes y los reyes eran celestiales inspirados por él. El término del Antiguo Testamento es *"El Espíritu de Dios vino sobre ellos."* Ni siquiera pudieron hablar sin ser movidos por Él.

En el Nuevo Testamento, el Espíritu Santo es la única persona, después de Jesús, en la Divinidad que está hablando y está en plena operación. Él vive dentro de los creyentes y les ha sido dado como un pago inicial de su futura salvación (Efesios 1:13, 14), así como para capacitarlos para el servicio (Hechos 1: 8).

Jesús fue el que defendió su llegada mientras consolaba a sus discípulos con respecto a su partida inminente. En Juan 14: 15-18 diciendo:

> *Si me amáis, guardad mis mandamientos. Y yo oraré al Padre, y Él os dará otro Auxiliador, para que permanezca con vosotros para siempre: el Espíritu de verdad, al cual el mundo no puede recibir, porque no lo ve ni lo conoce; Pero tú lo conoces, porque Él habita contigo y estará en ti. No los dejaré huérfanos; Vendré a ti.*

VIDA PROFÉTICA PRÁCTICA

En otro relato, Jesús estaba hablando a sus discípulos en el umbral de Pentecostés y en el precipicio de la iglesia del Nuevo Testamento en Lucas 24:49 (RV). Él dijo, *"Y he aquí, yo envío la promesa de mi Padre sobre vosotros, pero permaneced en la ciudad de Jerusalén, hasta que seáis dotados de poder de lo alto."* Incluso antes del propio ministerio de Jesús, Lucas 3:21 dice que el Espíritu Santo descendió sobre Él como una paloma. Es interesante notar que Jesús no hizo un milagro antes de Su encuentro con el Espíritu Santo.

Si Jesús y los discípulos necesitaban el Espíritu Santo para llevar a cabo el ministerio, ¿cuánto más le necesita el profeta ahora porque el ministerio sin Él es ineficaz, impotente, improductivo y meramente diciendo la fortuna.

Además, Hechos 19:11 documentó cómo Dios hizo milagros inusuales por la mano de Pablo. Antes de los milagros de trabajo de Pablo, la Biblia documenta su encuentro con un creyente lleno del Espíritu en Hechos 9:17 (NVI), que dice:

Entonces Ananías fue a la casa y entró en ella. Poniendo sus manos sobre Saúl, dijo: "Hermano Saúl, el Señor Jesús, que te apareció en el camino como tú viniste aquí, me envió para que vuelvas a ver y seas lleno del Espíritu Santo".

Por lo tanto, un profeta del Nuevo Testamento que está lleno del Espíritu Santo es un mandato y no una opción. Así que ahora, sabemos quién es el Espíritu Santo, pero ¿qué hace Él? Como heredero de la iglesia del Nuevo Testamento, convence al mundo del pecado, la justicia y el juicio (Juan 16: 8). Sin Él, carecemos del poder de cambiar. La oración de David fue, *"No me eches fuera de tu presencia; Y no quites de mí tu santo espíritu"* (Salmo 51:11, RV). Incluso en el Antiguo Testamento, David sabía que la presencia de Dios en su vida era clave para su existencia. 1 Corintios 12: 4-11 describe su función en la iglesia del Nuevo Testamento:

Hay diversidad de dones, pero el mismo Espíritu. Hay diferencias de ministerios, pero el mismo Señor. Y hay diversidad de actividades, pero es el mismo Dios quien obra todo en todos. Pero la manifestación del Espíritu es dada a cada uno para el provecho de todos; porque a uno se le da la palabra de sabiduría por el Espíritu, a otro la palabra de conocimiento por el mismo Espíritu, a otra fe por el mismo Espíritu, Otros dones de sanidad por el mismo Espíritu, a otro la obra de milagros, a otra profecía, a otro discernimiento de espíritus, a otros diferentes tipos de lenguas, a otro la interpretación de lenguas. Pero un mismo y único Espíritu hace todas estas cosas, distribuyendo a cada uno individualmente como Él quiere.

El Espíritu Santo es también la fuerza impulsora detrás de cada gran avivamiento mientras Él refresca y restaura al pueblo de Dios.

Joven profeta, no se deje seducir por el espíritu de esta época, que quiere que usted crea que el ministerio del Espíritu Santo está pasado de moda. Alienta a los nuevos asistentes a la iglesia que la expresión ferviente de Su presencia es el emocionalismo. Además, te enseña que Dios se preocupa más por tu aceptación inicial de Él que por cómo sales de la salvación de tu alma eterna (Filipenses 2:12). No estoy minimizando la experiencia de salvación; Sin embargo, es tan importante que enseñemos a la gente a no parar allí. Si un individuo nunca pasa de su encuentro inicial, no posee ningún poder para efectuar el cambio o avanzar el reino de Dios.

Profeta de Dios, no puedes ser tímido al liberar el ministerio de Su poder en cada ambiente donde Dios te ha dado jurisdicción. Pablo instó a Timoteo en 2 Timoteo 1: 6-7 (AMP),

Por eso les recuerdo que enciendan en llamas el don de gracia de Dios, el fuego interno que está en ustedes a través de la imposición de mis manos [con las de los ancianos en su ordenación]. Pues Dios no nos dio un espíritu de timidez o cobardía o temor, sino [nos ha dado un espíritu] de poder y de amor, de juicio sano y de disciplina personal [habilidades que resultan en una mente y una mente tranquilas y bien equilibradas -controlar].

Muchos hoy hacen que los nuevos creyentes teman al Espíritu Santo en lugar de abrazar Su ministerio. Deben enseñarles que Él no debe ser juzgado por el estilo litúrgico de una iglesia, sino por la obra que Él hace que está alineada con las escrituras.

VIDA PROFÉTICA PRÁCTICA

8

LA IGLESIA LLENA POR EL ESPÍRITU

Cuando ministro como profeta, entiendo que no es importante que toque a la gente; Más bien, es mucho más importante que tengan un encuentro de buena fe con Dios. A. W. Tozer dijo:

> Si el Espíritu Santo fue retirado de la iglesia hoy, el 95 por ciento de lo que hacemos continuaría y nadie sabría la diferencia. Si el Espíritu Santo hubiera sido retirado de la iglesia del Nuevo Testamento, 95 por ciento de lo que hicieron se detendría, y todos sabrían la diferencia.[6]

La iglesia sin el Espíritu Santo no es la iglesia; Porque en el Espíritu Santo, la iglesia *"Vive y se mueve y tiene nuestro ser"* (Hechos 17:28). La iglesia hoy lucha con entender quién es el Espíritu Santo y cuál es su función en la iglesia. La Escritura confirma que Él es el sucesor de Jesús en el plan redentor de Dios (Juan 14:16, 17).

Es desalentador sacrificar el poder espiritual para la innovación. El mantra de la iglesia hoy es "¡Luces! ¡Cámara! ¡Acción! "Los cristianos de hoy van a la iglesia semana tras semana y nunca tienen un encuentro espiritual. Se apresuran al altar y nunca se convierten verdaderamente. A menudo, lo que llamamos Espíritu Santo es mero emocionalismo, liturgia de la iglesia y un espíritu de religión. Es por eso que muchos salen de la iglesia sin cambios y perpetuamente impotentes. El camino cristiano de hoy es vacío y vacío. Vivimos una vida en la cerca, sin convicción, sin santidad, sin poder, sin inspiración, sin santificación, deseando ver exactamente lo cerca que podemos tender nuestras tiendas a Sodoma (Génesis 13:12).

Porque Jesús sabía que sus discípulos forjarían la iglesia por delante, les ordenó que esperaran hasta que estuvieran llenos de poder. Juan 20:21, 22: *"Entonces Jesús les dijo otra vez: '¡Paz a vosotros! Como el Padre me envió, yo también os envío.» Y cuando dijo esto, sopló sobre ellos y les dijo: «Recibid el Espíritu Santo'"*.

VIDA PROFÉTICA PRÁCTICA

La comprensión de la iglesia acerca de lo poderoso que es el Espíritu Santo en sus vidas depende de ellos. Cuando estás lleno, no puedes quedarte sin llenar; Sólo puedes afligir al Espíritu Santo.

> *No salga palabra corrupta de tu boca, sino qué es bueno para la edificación necesaria, para dar gracia a los oyentes. Y no aflijáis al Espíritu Santo de Dios ... Que toda amargura, ira, enojo, clamor y maledicencia sean apartados de vosotros ... sed benignos unos con otros, misericordiosos, perdonándoos unos a otros, como también Dios en Cristo os perdonó (Efesios 4: 29-32).*

La plena madurez en el Espíritu Santo es la manifestación del fruto del Espíritu que opera a su máxima capacidad en una iglesia.

VIDA PROFÉTICA PRÁCTICA

9

PROFETA NO PARA LUCRO

La siembra de dinero en el ministerio de un profeta es bíblica, y es una de las maneras en que Dios prospera a su pueblo. La afligida viuda dio a Eliseo su último tarro de aceite. Al seguir la instrucción del profeta, Dios multiplicó sus recursos. 2 Reyes 4: 7 dice, *"Entonces ella vino y le dijo al hombre de Dios. Y él dijo: "Vayan, venden el aceite y paguen su deuda; Y tú y tus hijos vivís en el resto."*

Antes de ir a la batalla en el desierto de Tekoa, el rey Josafat instó a la gente a confiar en la validez del mensaje del profeta y la conducción. Les prometió que, si creyeran al profeta Jahaziel, prosperarían. 2 Crónicas 20:20 dice, *"Josafat se puso en pie y dijo: «Escuchadme, Judá, y moradores de Jerusalén; Cree en el SEÑOR vuestro Dios, así seréis establecidos; Crean a sus profetas, así que prosperéis."*

Pablo escribió a los Corintios, *"De la misma manera, el Señor ha ordenado que aquellos que prediquen el evangelio reciban su vida del evangelio"* (1 Corintios 9:14, NVI), Pero no debemos tomar ventaja. En respuesta al ministerio de Eliseo, Naamán le ofreció un regalo. La respuesta de Eliseo en 2 Reyes 5:16 (NVI) fue, *"Así como el Señor vive, a quien sirvo, no aceptaré nada."* Aunque dar a un profeta está en orden, es crucial recordar que ningún valor monetario puede ser colocado en una palabra del Señor. ¡Las profecías no están a la venta!

Experimentalmente, entiendo que cuanto más visible seas, mayor será la compensación, pero la compensación no debe conducir a un compromiso. El poder que Dios ha dado a un profeta para liberar prosperidad y provisión puede fácilmente convertirse en avaricia si el profeta no es cuidadoso. Para aclarar, la palabra griega para prosperar es *euodoó*,[7] lo que significa, "Propiamente, emprender un viaje próspero." Por lo tanto, la prosperidad no sólo está relacionada con la condición financiera de una persona (3 Juan 1: 2). La prosperidad del alma es la necesidad predominante. Si las personas se curan en sus emociones Dios puede enseñarles cómo prosperar financieramente.

El profeta que sigue a Jesús debe estar completamente consagrado a Él. La búsqueda de dinero y placeres mundanos crea lealtades divididas. El dinero es un objeto inanimado; Por lo tanto, no puede ser bueno o malo. La naturaleza del dinero está determinada por la mano que la sostiene. El amor al dinero abre la puerta a la lujuria (1 Timoteo 6:10). En Mateo 6, Jesús está ministrando a las multitudes con respecto a las disciplinas espirituales de este nuevo orden de adoración. Ya no estaban obligados por los Diez Mandamientos sino por la condición de sus corazones. Habló con ellos sobre el ayuno, la oración, las obras de caridad y los peligros de la riqueza.

En Mateo 6:24 (NVI), Jesús les declara, *"Nadie puede servir a dos amos; Porque o bien odiará a uno y amará al otro, o bien será leal a uno y despreciará al otro. No puedes servir a Dios ya Mamón."* Mamón es "La adoración idólatra de riquezas, dinero, posesiones y / o propiedad." La palabra, en el texto bíblico, proviene de la palabra griega *Mammones*,[8] Un término semítico para "el tesoro en el que una persona confía."

Recibo honorarios de una de dos maneras: primero por medio de las ofrendas de amor sin honorarios fijados, y segundo, por un honorario establecido determinado por la iglesia. Una compensación fija de la tarifa se determina generalmente por el tamaño de la reunión. También solicito una tabla de proveedores para que mis libros y productos estén disponibles para su compra. Es mi práctica cuando ministros para permanecer en los confines del presupuesto de la iglesia. No voy a pedir una gran cantidad de dinero si sólo 10 personas están presentes. Si no tienes poder de dibujo, no tienes derecho a exigir honorarios exorbitantes. Hacer un depósito divino es mucho más importante para mí que ser pagado porque entiendo claramente que Dios me provee a mí, no a los hombres.

Es importante que un profeta reconozca honorarios son un privilegio, no un derecho. La gente nos bendice porque entiende que necesitamos ganarnos la vida y ellos aprecian y honran el ministerio. Sin embargo, los profetas en la Biblia fueron atendidos por Dios, y Él se movió sobre los hombres para proveerlos. Poner requisitos estrictos sobre lo que necesitamos mostrar es absurdo. Simplemente vaya y Dios hará provisión. Además, no estoy apoyando que vayamos gratis ya sea porque el ministerio cuesta dinero. También soy consciente del hecho de que hay tantas iglesias que se aprovechan del pueblo de Dios. Quieren gratis lo que te cuesta producir.

VIDA PROFÉTICA PRÁCTICA

Soy un profeta itinerante en Oklahoma y he estado ministrando allí por más de una década. Durante los primeros años, pagué mi propio camino. Un año, el pastor decidió sembrar en mi vida y la provisión se ha hecho para mí desde entonces. Después de ministrar, en un servicio, el pastor imploró a su congregación a sembrar una semilla en mi vida como se sentían dirigidos por el Señor. Me paré allí con mis hijas y comencé a llorar. La gente sembró en mi vida por casi treinta minutos. Lo que su siembra me dijo fue cuánto honraron mi servicio y dedicación, no sólo para ellos, sino para el Señor. No puedes exigir honor, lo ganas.

Por último, los honorarios no son mi única disposición. Una de mis escrituras favoritas está en Proverbios 8:12, que dice, *"La sabiduría habita con prudencia, y descubre el conocimiento de las invenciones ingeniosas" (RV)*. Dios me ha dado varios inventos, libros y estrategias de negocios para apoyar al ministerio; Pablo era un hacedor de tiendas (Hechos 18: 3). La directiva de Dios para mí era, "Deja de regalar lo que te di para prosperar."

Un profeta no lucrativo protegerá a las ovejas. Un profeta con fines de lucro los envolverá y los dejará abiertos para el ataque. Por lo tanto, su principal responsabilidad es proteger a las ovejas y alimentarlas, no violándolas financieramente.

10

EL PECADO DE LA DUPLICACIÓN

En su libro, La Unción: Ayer, Hoy y Mañana, R. T. Kendall dijo que estaba siguiendo su rutina de devoción normal cuando una mañana leyó 1 Samuel 16: 1 y el versículo literalmente saltó hacia él.

Y el SEÑOR dijo a Samuel: ¿Hasta cuándo llorarás por Saúl, porque yo le he desechado de reinar sobre Israel? Llena tu cuerno con aceite, y vete; Os envío a Isaí, el belemita. Porque yo me he entregado un rey entre sus hijos. "

Kendall dijo, "En un instante vi tres eras: el hombre de ayer (el rey Saúl), el hombre de hoy (Samuel) y el hombre de mañana (David)." El obispo Joseph Garlington dijo de *La unción*, "Cada hombre que dirige y cada líder que sigue debe leer este libro de rodillas."

La intuición de R. T. Kendal me mostró cuántas personas e iglesias desean construir su ministerio siguiendo un modelo antiguo. Gastan dinero y recursos tratando de imitar lo que Dios hizo por otra persona, pero Dios está en el negocio del "aceite fresco". Lo que funcionó para una iglesia o ministerio puede no funcionar para otra.

Tengan el coraje de fundar un nuevo territorio y hacer nuevos caminos. Los formatos y programas del ministerio se implementan sin buscar nunca a Dios acerca de lo que Él quiere. Los líderes del ministerio quieren desesperadamente recobrar la unción de un viejo movimiento. Yo estaba escuchando a un conocido evangelista profético mientras hablaba de su reciente itinerario ministerial. Para uno de los eventos, dijo: "Hubo un movimiento increíble en esa ciudad." Para el otro evento, él dijo, "Necesitaba regresar porque hubo un tremendo derramamiento".

Hay una diferencia entre un movimiento y un derramamiento. Un movimiento finalmente morirá, pero una efusión continuará durante años y trascenderá generaciones. Elías era un movimiento. 2 Reyes 13:21 dice, *"Así fue como enterraron a un hombre, que repentinamente espiaron a una banda de invasores; Y pusieron al hombre en la tumba de Eliseo; Y cuando el hombre fue derribado y tocó los huesos de Eliseo, revivió y se puso de pie."*

VIDA PROFÉTICA PRÁCTICA

Estaba leyendo el libro El secreto de su poder sobre Smith Wigglesworth y pude sentir el poder del Espíritu Santo fluir a través de las páginas mientras leo el libro. Profeta de Dios, mientras cavas nuevos pozos, no dejes que tu ministerio muera contigo. Las generaciones venideras deberían oír lo que hicieron y revivir.

11

COMPLETO Y SANTO

La palabra "integridad" Viene de la palabra latina *Integritatem,*[9] de la cual vienen las palabras inglesas "integración" e "entero". Implica "solidez, integridad y plenitud". La pureza es un subproducto de ser entero. Permanecer auténtico cuando aún tienes heridas abiertas que requieren alimentación es bastante difícil. Si usted tiene brechas en su alma, siempre necesitará algo fuera de usted para que se sienta completo. Salmo 107: 9 (RV) dice, *"Porque él satisface el alma anhelante, y llena el alma hambrienta de bondad."* La culminación de la integridad es la integración emocional y espiritual.

    Las Escrituras nos recuerdan que nuestra naturaleza carnal nunca está satisfecha (Proverbios 27:20). La mujer en el pozo estaba en una búsqueda constante para satisfacer su alma dolorida. Debido a su falta de integridad, cinco maridos y un novio más tarde, todavía estaba buscando (Juan 4:18). Ella no se hizo completa hasta que su encuentro con Jesús terminó su sequía emocional y detuvo sus carnes (Juan 4:14).

    Como profeta, debes sentirte cómodo con el molde y la formación de Dios mientras Él te está haciendo entero. Él es el alfarero y tú eres la arcilla (Isaías 64: 8). Estos periodos son tiempos de intervención quirúrgica para librar al profeta de un bagaje emocional persistente, curando las heridas de la temporada anterior y preparándolas para la siguiente. Si usted no entiende esto, tratará de abarrotar el espacio vacío con las personas y las cosas, ignorando las lecciones aprendidas.

    Debo admitir que, durante estas estaciones, Dios puede sentirse extremadamente distante. He tenido que hacerlo y recordarme que parte de la fuerza de mi ministerio es la totalidad y la santidad. Usted debe aprender a vivir la vida en el valle, no en la cima de la montaña. El ministerio de un profeta se caracteriza por atmósferas que están sobrecargadas con fuego de Espíritu Santo, y es muy difícil a veces vivir tu vida entre esos momentos.

VIDA PROFÉTICA PRÁCTICA

Durante estas temporadas permanecer en la rueda del alfarero y mantener su misión divina a la vista es tan importante, simplemente porque viraje fuera del camino y abrazar algo que trae alivio y parece más emocionante y satisfactoria puede ser fácil. Te sientes vivo y cumplido cuando estás operando en tu unción, pero muchas veces estás frustrado y desilusionado cuando la "nube de gloria" se levanta y el cirujano afila su bisturí.

Más veces que nada cuando la gente oye la palabra "profeta", al mismo tiempo piensan falsa. Por lo tanto, para que los profetas emergentes, la integridad y el carácter debe ser su principal objetivo. El don y el ministerio se ocuparán de sí mismos. La instrucción que me fue dada mucho antes de que yo entendiera el don o sabía que lo tenía era que la vida del profeta de Dios es dura. Aprenda a ceder a la llamada.

La integridad en el ministerio profético es tan vital porque debemos ser faros de luz y esperanza. No podemos traer a nadie a una santa relación con Dios si nuestra relación con Él está fracturada. David, un hombre según el corazón de Dios, guio al pueblo de Dios con integridad primero y segundo don (Salmo 78:72). Permanezca en la rueda del alfarero y haga su asignación traer a HONOR de nuevo a la oficina del profeta.

12

ESTACIONES PROFÉTICAS

Como se ha mencionado anteriormente, la transición bien y el estar entre temporadas y asignaciones puede ser muy difícil para un profeta. Después que Elías conquistó a los profetas de Baal, cayó en una profunda depresión. Usted es más vulnerable después de una gran victoria. La vida profética es una serie de transiciones, por lo que es importante saber en qué estación estás. Debes tener claro las instrucciones que Dios te ha dado para ayudarte a mantenerte en esta temporada.

En la transición, no están ganando terreno. Más bien, están siendo anclados más profundamente en su propósito y esperando su próxima asignación. Este aparente retraso no es el momento de estar ansioso o impaciente; Toma inventario y acción de donde estás en Dios. *"Examínense ustedes mismos si están en la fe"* (2 Corintios 13: 5). Los profetas que no toman inventario pueden someterse a ataques innecesarios. *Inventario* medio "Para hacer una lista completa de lo que está en su lugar, eliminar lo que no es beneficioso y adquirir lo que es."

Recientemente, tomé un año sabático, y descubrí que la licencia era uno de los movimientos más cruciales que he hecho. El fracaso en obedecer la inspiración del Espíritu Santo me habría dejado atascado en un pozo de hacer trabajos eclesiásticos e ignorar mi manto profético por el bien de la comodidad. El servicio de la iglesia es noble y bueno si es lo que Dios te está diciendo que hagas; Sin embargo, no podemos usar el servicio de la iglesia en lugar de obediencia. Hablar de Dios no le está hablando; Servirle no le está obedeciendo.

Aprender a transitar eficazmente de una temporada a otra fue un arte y tomó tanta disciplina y oración. En un momento de mi vida, cuando sentí que no avanzaba, simplemente pedí al Espíritu Santo, "¿Qué es lo que me está obstaculizando?" Con un corazón ansioso para oír y posicionado para hacer los cambios, lo oí decir: "Eres demasiado impulsivo".

Oír esa palabra fue primordial cuando me di cuenta de que a veces durante las temporadas difíciles, puedo estar demasiado ansioso de inclinarse hacia lo que es habitual para obtener alivio, en lugar de viajar terreno desconocido. Dado que el ministerio de un profeta tiene que ser muy estratégico, su ser demasiado impulsivo puede ser desastroso.

Impulsividad es "avanzar demasiado rápido sin obtener información o confirmación del Espíritu Santo". ¡Está haciendo lo que creemos que es bueno, pero puede no estar bien! Puede abrir la puerta a enredos innecesarios. Las Escrituras se refieren a ella como un pecado que aflige. Hebreos 12: 1 (RV) dice, *"Por lo cual, viendo también que estamos rodeados de una gran nube de testigos, dejemos de lado todo peso, y el pecado que tan fácilmente nos afecta, y corramos con paciencia la carrera que se nos presenta."*

La traducción griega de la palabra "beset" es *euperistatos*,[10] que significa "rodear o ser fácilmente distraído y (figurativamente) un serio obstáculo que" circunda "a alguien que necesita desesperadamente avanzar". Algunos ejemplos comunes incluyen dar más de nuestro tiempo y recursos que Dios requiere sin contar el impacto En nuestras familias o ministerios. En segundo lugar, comer sin tener en cuenta el efecto que tiene en nuestra salud o hacer compromisos sin tener en cuenta el impacto en nuestro calendario ya abarrotado. El impulso más común para un profeta se está atrayendo a los quebrantados o a los que están en peligro. Podemos perder mucho tiempo ministrando a personas que no tienen ambición ni motivación para cambiar.

En su estado actual, este comportamiento puede tener un impacto mínimo. Sin embargo, el efecto puede ser desastroso donde usted va. Ser demasiado impulsivo puede conducir al pecado y activar un ciclo del pecado que puede tomar años para terminar o para conseguir bajo control. Todo lo bueno no es Dios. Puedes estar haciendo el bien por el ancho camino de la destrucción. Los pecados que más nos hieren no son los grandes sino los "pequeños zorros" (Cantares 2:15). El pecado es "cualquier cosa que se hace sin el permiso expreso del Espíritu Santo a través de la Palabra o la dirección. ¡Le animo a hacer inventario hoy!

El medio ambiente lo es todo. Manténgase en un ambiente que las fuerzas de cambio y pone una demanda en su unción. ¡Su progreso y éxito en Dios están asegurados! No importa el tipo de transición en la que esté involucrado actualmente, entrar en su nueva temporada requiere tiempo, paciencia y preparación. Debido a que el oficio profético tarda tanto en entrenarse, el método preferido es lento y estable. Por supuesto, usted puede avanzar sin Dios, pero nada que nazca de la carne se convertirá en espíritu; Cambiar las manecillas del reloj para adaptarse a usted no cambia el tiempo.

13

EL FACTOR JEZABEL

Jezabel era implacable en su búsqueda de Elías porque él era el único que podía oponerse y rivalizar con su autoridad. A menudo oímos acerca de cristianos que vienen en contra de este espíritu vicioso, pero basado en relatos bíblicos Jezabel enfoque fue destruir a los profetas de Dios. Este espíritu siempre seguirá a las personas proféticas porque el don profético frustra los planes de un espíritu manipulador y religioso.

Además, el espíritu de brujería se ha convertido en sinónimo de Jezabel. Debido a que Jezabel era la esposa de Acab, claramente, ella sólo podía operar a través de la autoridad delegada y no tenía autoridad propia. En su forma más simple, *brujería* Es "alguien que usa la autoridad ilegal para conseguir lo que quiere y avanza sus planes perversos a expensas de los demás". Debido a que el espíritu de Jezabel siempre está buscando áreas de debilidad, que ella puede capitalizar, ella hábilmente vigila a su víctima. Sus características definitorias son su capacidad de inmovilizar a su presa por el miedo y la intimidación. Es un espíritu muy agresivo que viene a secuestrar la unción profética.

1 Reyes 18:19 registra que Jezabel tenía 850 falsos profetas comiendo en su mesa. Ella proporcionó 450 profetas de Baal, el dios de la tormenta, y 400 profetas de Asherah, que era conocido como la diosa del cielo. Ella se reunió con falsos profetas, pero mató y masacró a los profetas de Dios (1 Reyes 18: 4). Ella despreciaba a Elías y utilizaba todas las tácticas posibles para silenciarlo y hacerle ineficaz. Ella solo quería profetas que dijeran lo que ella quería oír. El espíritu de Jezabel siempre está tratando de matar a los profetas, pero por la palabra de Eliseo y por la espada de Jehú, Dios vengó a los profetas y todavía los está vengando hoy (2 Reyes 9: 1-7).

En la iglesia moderna, las personas que son impulsadas por ese espíritu siempre tratan de ganar posiciones de poder al desarrollar relaciones cercanas con aquellos en autoridad, es decir, el pastor y la esposa del pastor. Se presentan como muy amables, informados, educados y útiles, lo que los hace muy difíciles de detectar. Lo que el espíritu realmente intenta hacer es infiltrarse en la organización e identificar áreas de debilidad para que pueda traer destrucción y división. Como pastor de una iglesia, es importante tener profetas experimentados, entrenados y confiados en su ministerio para ayudar a neutralizar los asaltos de este espíritu. Un profeta de Dios tiene la responsabilidad de proteger a la iglesia.

El Profeta y la Rebelión

I Samuel 15:23 dice, "*Porque la rebelión es como el pecado de la brujería, y la obstinación es como la iniquidad y la idolatría.*" La rebelión aparece como el equivalente moral de la brujería. Un profeta, tiene la propensión a inclinarse hacia la rebelión y el orgullo. El pecado no confiado puede conducir al orgullo y el orgullo puede abrir la puerta a un espíritu rebelde. Esto es incapacitante para un profeta. Cuando un profeta desobedece a Dios o peca contra Él o Su pueblo las consecuencias son abruptas.

Considera el relato del profeta que Dios le dijo que no comiera con nadie en la ciudad. Le dijo que hablara al altar y se fuera (1 Reyes 13: 1-24). Debido a que el profeta desobedeció a Dios, los leones lo comieron para el almuerzo. Moisés fue un gran profeta de Dios, pero debido a la desobediencia y el mal humor, no pudo entrar en la Tierra Prometida (Números 20).

Cuando en el liderazgo, el profeta debe tener cuidado de no permitir que el espíritu de Jezabel controle al pueblo con el propósito de construir su ministerio. Una vez que el servicio y la asistencia a la iglesia son exigidos, eso es manipulación. Los profetas no están en el negocio de control, pero en el negocio del edificio del alma y el voluntariado es un mecanismo usado para enseñar a la gente a servir a Dios, no al líder. El espíritu de brujería castra la iglesia y lo hace impotente. El profeta termina con un grupo de profetas inmaduros que buscan al líder por guía, en lugar de Dios.

Cuando la desobediencia se desvanece, un profeta casi puede, si no es cuidadoso, llegar a ser incongruente. Si un profeta no es cuidadoso, su don puede convertirse en un arma de destrucción masiva. Los profetas pueden convertirse en maestros manipuladores para seguir experimentando la vida de sus dones obtenidos por ellos. Su manipulación continua perjudicará a las personas, en lugar de curarlas.

Además, un profeta también debe recordar que la escritura dice que los dones de Dios son sin arrepentimiento; Por lo tanto, un profeta desobediente puede continuar profetizando, aunque la presencia de Dios se haya levantado de él (Romanos 11:29). Cuando un profeta ya no puede oír la voz de Dios ni sentir Su presencia, comenzará a buscar el consejo de los espíritus familiares.

Para el profeta, el castigo del pecado y la desobediencia siempre será un alto precio a pagar. Jesús pagó un precio tremendo por nuestros pecados, así que mantengámonos libres. Gálatas 5: 1 dice, *"Por tanto, manténganse firmes en la libertad por la cual Cristo nos ha hecho libres y no se enreden de nuevo con un yugo de esclavitud"*.

El Profeta y la Inmoralidad Sexual

Un profeta debe estar atento a no permitir que los sentimientos de abandono y alienación abran la puerta a los pecados sexuales. La inmoralidad sexual es un pecado que la Biblia ordena a los creyentes que huyan. Nos amonestan en I Corintios 6:18 (AMP),

Fuera de la inmoralidad sexual [en cualquier forma, ya sea pensamiento o comportamiento, ya sea visual o escrito]. Todo otro pecado que un hombre comete está fuera del cuerpo, pero el que es sexualmente inmoral peca contra su propio cuerpo.

La inmoralidad sexual se manifiesta en la vida de una persona a través de un espíritu perverso. El comportamiento se expresa a través de la pornografía, la masturbación, la bestialidad, la fornicación, la homosexualidad y el adulterio. Si un profeta no tiene cuidado, puede usar sexo ilícito para sentirse conectado. Un psicólogo profesional me dijo: "Los pecados sexuales son de intimidad, no de sexo." Efesios 5: 3 (AMP) dice,

VIDA PROFÉTICA PRÁCTICA

Pero la inmoralidad sexual y toda impureza moral (o comportamiento indecente u ofensivo) o la codicia no deben ni siquiera ser sugeridas entre ustedes, como es propio de los santos [ya que, como creyentes nuestro modo de vida, ya sea en público o en privado, refleja la validez De nuestra fe].

Para las personas proféticas, el pecado sexual es una trampa peligrosa y una trampa viciosa. Como cualquier otro pecado, la promiscuidad sexual y la perversión son perdonables pero mortales. A menos que nos arrepintamos, la pena que debemos pagar puede destruir todo un ministerio. Jesús se refiere a este pecado como *"Las profundidades de Satanás"* (Apocalipsis 2: 22-24).

La inmoralidad sexual, que es puramente satánica, es un medio por el cual los espíritus demoníacos pueden ser rápidamente transferidos de una persona a otra. Un pastor da cuenta de una mujer que estaba aconsejando. Durante la sesión de consejería, la mujer estaba entrando y saliendo de diferentes personalidades. El pastor dijo que el Espíritu Santo le dijo: "Ella no necesita consejería; Ella necesita las manos puestas en ella. Esas personalidades son la manifestación de todos los hombres con los que ha dormido."

Mi rotura física y emocional culminó en una vida de fornicación y adulterio. Es el único pecado que me mantuvo de rodillas. Luché tanto en esta área y desesperadamente quería ser entregado. No entendí, en ese momento, cuando tenemos relaciones sexuales fuera del matrimonio, nos fusionamos con otra persona y esos lazos deben ser rotos.

La otra cosa que contribuyó a mi estilo de vida lascivo fue molestada a la edad de trece años. El hombre que me molestó estaba muy involucrado en la pornografía. Tenía un cobertizo lleno de *Playboy*, *Hustler*, y cada revista lasciva en la publicación en ese momento. En el momento en que me tocó, me sentí inmediatamente sucio, y luché con la pornografía durante unos años. Esa molestia abrió la puerta a los deseos que yo era demasiado inmaduro para manejar y por consiguiente me llevó por un camino que me tomó años para romper. Por la bondad de Dios y mi obediencia, puedo decir hoy, ¡soy libre!

La falta de disciplina o no ser sanados en esta área destruirá el ministerio de un profeta. Lo invalida a los ojos de personas que cuestionarán indefinidamente su autenticidad. La gente está buscando un profeta que pueda mantener el nivel elevado, así como alguien a quien puedan mirar y seguir. Los profetas deben permanecer vigilantes sobre su ministerio y solicitar la ayuda del Espíritu Santo para permanecer puro. Admito que es muy difícil permanecer célibe si ya has abierto la puerta al placer sexual, pero no es imposible. Por su propia admisión, la mujer que me llevó al Señor era muy promiscua antes de aceptar a Cristo. Después de ser salvada, le pidió a Dios que la volviera virgen. Durante más de diez años, esa señora permaneció abstinente hasta que se casó.

Otra razón por la cual la pureza sexual es una necesidad en el ministerio profético es porque muchos fluyen en el don de la curación y la impartición, que a menudo opera en la doctrina de la imposición de manos (Hechos 28: 8). El tacto humano es un medio de transferencia; Imparten lo que son, no lo que creen. Nuestra misión es liberar la libertad en las almas de la gente, no la esclavitud.

La pena por la inmoralidad sexual

La iglesia de Tiatira era conocida por ser una comunidad donde Dios era adorado. Lidia, que era vendedora de púrpura en Tiatira, era miembro de esta iglesia (Hechos 16:14). Lidia amó a Dios, y Él abrió su corazón para poder obedecer las verdades que el apóstol Pablo estaba enseñando (Hechos 16:14). Jesús incluso animó y recomendó a la iglesia de Tiatira en Apocalipsis 2:19, que dice, *"Conozco vuestras obras, amor, servicio, fe y vuestra paciencia; Y en cuanto a vuestras obras, las últimas son más que las primeras."*

Aunque los miembros eran pacientes, amantes de Dios, y servían bien, eran conocidos como la iglesia corrupta. Como profeta, usted puede tener todas sus disciplinas espirituales en su lugar, pero aun así ser corruptas. La palabra "corrupto" viene de la palabra griega *Phthora*,[11] lo que significa "Podredumbre, descomposición y destrucción, que generalmente tiene que ver con una *falla interna*." ¿Por qué Jesús llamaría a una iglesia que lo amaba tanto, corrupta?

En Apocalipsis 2:20, Él dijo, *"Sin embargo, tengo algunas cosas en contra de ti, porque permites a esa mujer Jezabel, que se llama a sí misma profetisa, enseñar y seducir a mis siervos a cometer la inmoralidad sexual."* Debajo del excelente servicio de la iglesia, eran perversos.

Sabemos de 2 Reyes 9: 30-37 que Jezabel fue asesinado; Su carne fue comida y su sangre solapado por los perros. Así, sabemos que, en el Apocalipsis, Jezabel es un espíritu que habita en una persona. En esta época, vemos un espíritu homosexual y lesbiano uniéndose a la iglesia. Una nueva clase de iglesias está surgiendo con los títulos de los pastores que son "Pastor y Primeros Caballeros o Esposo". La verdad es que el espíritu odia a la iglesia y sólo quiere corromperla. Una de las raíces de este espíritu de homosexualidad es la rebelión, odiando el orden, las reglas, los reglamentos y la autoridad. La agenda homosexual es el engaño empaquetado en la verdad que "Dios es amor". También ves este espíritu uniéndose a Hollywood porque quiere controlar los medios e hipnotizar a una nueva generación. El espíritu de Jezabel quiere que la gente acepte este vil estilo de vida como algo *normal*.

La pena por los pecados sexuales es debilidad, gran angustia y miseria; Jesús mismo cortará la posteridad de la persona que abraza estos pecados. En el sentido práctico, nuestros hijos sufren cuando vivimos una vida de inmoralidad sexual (Apocalipsis 2:22, 23). La recompensa para aquellos que no se adhieren a esta filosofía es la autoridad. La inmoralidad sexual está directamente ligada al poder profético, la autoridad y la capacidad de gobernar de una persona Apocalipsis.

14

INCUBACIÓN PROFÉTICA

El profeta Kris Vallotton escribió: "Se necesitan cerca de 15 años para entrenar a un profeta". La validez de esa declaración también se expresó en mi propio entrenamiento. Pasé exactamente 15 años en la casa profética a la cual Dios me envió. Pasé la mayor parte de mi servicio en el ministerio de música y en el altar orando por la gente.

En el ministerio de la música, aprendí dos lecciones cruciales que ayudaron a solidificar mi llamada profética. Aprendí a cultivar la presencia del Espíritu Santo porque la unción se derramó y fluyó sobre la base de cuánto tiempo pasé con Él. Esa es la razón por la que puedes escuchar a algunos profetas hablar, y difícilmente puedes mantener tu compostura. Sin embargo, con otros, no puedes esperar a que el mensaje termine. Estos mensajes interminables contienen demasiada carne porque el profeta no ha pasado suficiente tiempo con el Espíritu Santo. La otra lección que Dios me enseñó fue que Él no me permitiría vivir de la aprobación del hombre.

El tiempo que pasé en este ministerio fue difícil y gratificante. Cada encuentro con Dios era nuevo y fresco, pero yo tampoco entendía lo que Dios estaba haciendo en mi vida. Él siempre me mostró cosas en sueños y visiones, y empecé a escribir. Este mismo libro nació de esos días de aprendizaje. Sin embargo, esta vez creó tanta confusión porque no estaba cómodo interactuando con Dios en esta dimensión. En retrospectiva, me doy cuenta de que me estaba entrenando para la oficina en la que más tarde iba a caminar.

Un relato bíblico con respecto a Juan el Bautista se da en Lucas 1:80, que dice, *"Así el niño creció y se hizo fuerte en espíritu, y estaba en los desiertos hasta el día de su manifestación a Israel."* Esos años de silencio, como en la vida de Juan el Bautista, fueron tiempos de entrenamiento para que el profeta estuviera completamente equipado para su ministerio. Se da información sobre su nacimiento en Lucas 1:36, y su siguiente aparición fue en Mateo 3 como una voz llorando en el desierto: *"Preparen el camino del SEÑOR"* (3:4). No se preocupen demasiado por el ministerio; El tiempo de Dios es perfecto, y Él sabe exactamente cuando estás listo. Él tiene una manera increíble de preparar el escenario para su llegada.

Elías simplemente apareció en la escena. No se sabe mucho de él aparte de que fuera un Tishbite de Galaad. Dios estaba preparando su entrada profética. Debido a que poco se entiende acerca del momento de Dios, Acab y Jezabel tuvieron que estar en el apogeo de su tiranía antes de que Elías pudiera aparecer. Como Acab estaba erigiendo altares para Baal y adorando a dioses falsos (1 Reyes 16: 33-35), Dios estaba preparando a Elías para enfrentar la alianza espiritual, religiosa y política que Ahab el Rey hizo con su suegro Ethbaal, Los zidonianos

Sospecho que entre 1 Reyes 16:35 y 1 Reyes 17: 1, Dios estaba hablando con Elías y fortificándolo para el reto venidero. Baal era conocido como el dios de la tormenta, así que la asignación de Elías era probar al pueblo que Dios solo controlaba los elementos. Elías declaró en 1 Reyes 17: 1, *"No habrá rocío ni lluvia estos años."* Empaquetado en la asignación de Elías era provisión y protección profética. Dios le dijo a Elías que se escondiera junto al Brook Cherith, donde los cuervos le darían de comer por mandato de Dios. Para su protección, estaba divinamente escondido para que estuviera en posición de terminar su misión. Acab había buscado extensamente la tierra y los países adyacentes, pero no pudo localizar a Elías (1 Reyes 18:10). Como Obadiah, el tesorero de Acab declaró en 1 Reyes 18:12 (NET), *"Pero cuando te deje, el espíritu del SEÑOR te llevará lejos, así que no te puedo encontrar."* Obviamente, Dios intencionalmente protegió a Elías.

Dios tiene un plan, y Él es paciente para asegurarse de que cada detalle está en su lugar antes de que Él los libere para entrar en su arena. Él quiere asegurarse de que está listo y equipado para completar la tarea por delante. Tantos profetas entran en la arena prematuramente. Desafortunadamente, no duran mucho ni se autodestruyen. Lamentablemente, nunca completan sus tareas. I Timoteo 3: 5-7 (AMP) dice,

> *Porque si un hombre no sabe manejar su propia casa, ¿cómo cuidará de la iglesia de Dios?). Y no debe ser un nuevo convertido, de modo que no [se comportará estúpidamente y] se convence [por la designación a este alto*

VIDA PROFÉTICA PRÁCTICA

cargo] y caer en la [misma] condenación incurridos por el diablo [por su arrogancia y orgullo]. Y él debe tener una buena reputación y ser bien pensado por aquellos fuera de la iglesia, para que no sea desacreditado y caiga en la trampa del diablo.

La cualidad más importante que un profeta debe poseer es paciencia y confianza. Él debe esperar pacientemente el plan de Dios y confiar en que Dios sabe lo que está haciendo. Dios le dijo a Jeremías, *"Porque **sé** los planes que tengo para ti," declara el SEÑOR, "planes para prosperar y no para hacerte daño, planes para darte esperanza y un futuro"* (Jeremías 29:11, NIV).

15

DE MANTEL Y DE HOMBRES

Inherente en un manto profético es la autoridad espiritual que se transmite de un profeta a otro. Aunque el profeta pueda morir, el Dios del profeta todavía vive. Los mantos y las unciones no salen del reino terrenal; Deben ser reasignados. Si nadie califica, entonces permanecerá latente en la tierra hasta que la siguiente persona la recoja.

Mira la vida de la evangelista curativa, Katherine Kuhlman. Cuando se fue, su manto curativo fue transferido a Benny Hinn. Él se posicionó para calificar para él buscando el consejo del Espíritu Santo a través del ayuno y la oración. Benny Hinn incluso expresó que mientras Katherine Kuhlman estaba en el hospital muriendo, trató de verla, pero nunca fue capaz de hacer la conexión. Él dijo: "Dios me dijo que, si la hubiera encontrado, habría pensado que ella me dio algo". Dios solo es el guardián del manto, no una persona.

La historia de Elías y Eliseo es la historia más popular en relación con el manto profético. Eliseo estaba destinado a recoger el manto de Elías (1 Reyes 19:19). Basándonos en su historia, comprobamos que el residente en el manto es la autoridad del reino para cumplir con el cargo porque la Biblia dice que Eliseo realizó el doble de milagros que Elías.

Otro relato bíblico del manto de Elías se demuestra en la vida de Juan el Bautista (Lucas 1: 15-18). La escritura dice que llevaba un manto de piel y cinturón alrededor de su cintura era un grueso cinturón de cuero. Obviamente, los profetas se distinguían por sus vestidos, que simbolizaban una vida de sacrificio, no de indulgencia. Desafortunadamente, una nueva generación de profetas ha entrado en la escena que creen que es importante llevar la mejor ropa, zapatos importados y lazos de seda. Mi entendimiento, que se basa en la Escritura, es que un profeta era modesto en su apariencia y no daba mucha credibilidad a lo que parecía en el exterior.

Como se mencionó anteriormente, los mantos espirituales no están relegados al tiempo; La práctica estaba aquí mucho antes de que viniéramos y estaremos aquí mucho después de que nos hayamos ido.

El Señor me habló un día y dijo: "No hay nuevos mensajes en la tierra. Lo que existe es que alguien sea lo suficientemente sensible para recoger el manto de la generación anterior."

Uno de mis amigos proféticos más queridos opera bajo el manto curativo de John G. Lake. Yo estaba en un servicio mientras él estaba ministrando, y la presencia de Dios estaba tan concentrada, que parecía que el tiempo estaba parado. Cuando el profeta comenzó a hablar, oí al Espíritu Santo decir, "Lago Juan G".

El manto puede ser el mismo, pero habrá diferencias en la forma en que opera con la personalidad específica de uno. Proféticamente, no empezamos nada nuevo; Tomamos donde el manto se fue. En la siguiente generación, Dios te da la unción de un hombre para hacer lo mismo en una mayor capacidad.

Muy pocos profetas parecen tener un plan de sucesión. Durante mi ministerio, el Señor me habló de tres jóvenes damas en las que debía derramar mi espíritu y hacerlas listas para el manto. He pasado innumerables horas con estas jóvenes haciendo vida con ellas, ayudándoles a criar a sus hijos, enseñándoles los principios de la vida profética, ministrándoles sobre el matrimonio y todo lo que les ayude a vivir con éxito. Me parece interesante que Dios haya escogido a tres señoritas porque tengo tres hijas naturales en las que he derramado mi espíritu también. Creo que por mi fidelidad Dios ahora está enviando a otros. Mi deber y obligación espiritual es asegurarme que mi ministerio no muera conmigo, dejando mi manto para permanecer latente durante una generación. Como líderes, nuestro plan de sucesión debe ser pensado a fondo y estratégicamente.

Los profetas deben estar dedicados a criar hijos e hijas para que la generación después de nosotros tenga la oportunidad de experimentar a Dios de la manera que lo hicimos. Leí el libro de John Bevere titulado *La recompensa del honor: Cómo atraer la bendición de favor de Dios*, y se dio cuenta de que es importante y entender que la transferencia de los mantos proféticos está orquestada a través del honor y el respeto. No podemos seguir a alguien que no respetamos, y mucho menos recibir una comunicación de él.

Por último, ahora estamos viendo una tendencia en el ministerio donde los padres o madres están pasando el manto del ministerio a sus hijos. Sólo porque alguien está relacionado con usted no significa que califican para llevar el manto. Por el contrario, hay manto asignado a familias específicas. Por ejemplo, el hermano mayor de Moisés, Aarón y sus hijos, caminaron en el sacerdocio.

El Espíritu Santo me mostró si un manto no es recogido en la próxima generación el espíritu demoníaco derrotado por el manto, en la generación anterior, puede asaltar el linaje de la familia. Recientemente, estaba enseñando una clase sobre la curación y tres mujeres de la clase, que estaban relacionadas, estaban todas unidas por un espíritu de enfermedad. Cuando hablé con una de las mujeres después de la clase que compartieron conmigo, su abuelo fue un evangelista curativo que ministró a miles. Porque nadie recogió el manto de la curación el espíritu de la enfermedad podría vagar sin oposición a lo largo de la línea de sangre.

Un profeta con el nombre de Steve Thompson dijo una vez: "El techo de nuestro predecesor se ha convertido en nuestro piso." Roberts Liardon, el autor de *Generales de Dios: Por qué tuvieron éxito y por qué algunos fracasaron*, También dijo: "Tú eres la suma de todos los que han impartido en ti." ¡El Profeta recoge tu manto!

VIDA PROFÉTICA PRÁCTICA

16

MANTEL PREPARADO

"En todas partes de la cristiandad vemos el sistema divino atestado de las apariencias tórridas de la carne, el perfecto brillo de la revelación divina profanada con huellas dactilares humanas." – Desconocido

Era el verano de 1993 en la Conferencia de Azusa en Tulsa, Oklahoma. Había pasado años buscando a Dios, orando, ayunando y pidiéndole más. Nunca había oído hablar del término "manto profético" y no me di cuenta de que estaba preparando mi manto. Simplemente sabía que había más, y tenía hambre de él. Una mañana, durante la conferencia en el Centro de Mabee, con interrupción estratégica, Oral Roberts gritó un enunciado profético sobre el significado del renacimiento de la calle Azusa, el cambio de la guardia y el cierre de las edades.

Ahora, estaba profetizando que unos 87 años más tarde, otro vendría y desataría un nuevo viento en el poder del Espíritu Santo. Yo, sin coincidencia, estuve presente y explicado en esa reunión, ya que la atmósfera estaba cargada de una asignación profética. Recuerdo que mi antiguo pastor estaba siendo presentado, y sería la primera vez que nuestras vidas se cruzaran. Su iglesia sería el lugar donde pasaría los próximos 15 años. No tenía ni idea de que estaba a punto de estar inscrito en la escuela del profeta.

El cierre de las edades sería la destrucción de las ataduras forzadas por la religión, y la gente adoraría en la libertad del Espíritu. El apóstol Pablo escribió no de la carta, sino del Espíritu. *"Porque la letra mata, pero el Espíritu da vida"* (2 Corintios 3: 6). Dios sabía lo que estaba en el horizonte, y se estaba tejiendo un tapiz profético.

Clarence McClendon escribió el artículo principal en la revista de conferencias titulada " De manto y de hombres". Las palabras que sonaron en mi espíritu como la Campana de la Libertad fueron "El manto está ahora cayendo" Sabía que algo en mí se aceleraba, y tenía que llegar allí dondequiera que estuviera. Comencé una frenética búsqueda para descubrir dónde caía el manto. En el momento en que pisé el umbral de la iglesia, supe que había entrado más que un edificio religioso, pero una postura estratégica del reino de Dios en la tierra.

Lo que ocurrió no fue un mero comienzo de una iglesia, sino un acontecimiento histórico que debe ser narrado en los anales de la historia y no perdido: un moderno avivamiento de la calle Azusa. La gente conducía, volaba, tenía visiones, y oía la directiva del Espíritu Santo venir. Viajaron miles de kilómetros para obtener agua fresca. El profeta declaró: "Esta iglesia más que doblará en el próximo año". De hecho, la iglesia creció de 300 o más a una explosión de más de 10.000. Era tan reminiscencia de los relatos del renacimiento de la calle de Azusa donde la gente pisaría el suelo americano, ser matado por el poder del alcohol santo y ser cambiado eternamente.

Incontables personas fueron sanadas y llenas del Espíritu Santo; Mi hija de diez años siendo uno de ellos. No había fronteras; La llamada del clarín se había hecho independientemente de la edad, el credo o el color. Era una verdadera reunión y equipamiento de los profetas; Un manto fue lanzado. La unción profética no había sido demostrada en esa magnitud (a mi conocimiento) en muchos años. Los profetas se reunieron a miles de kilómetros sin una extravagancia de marketing, medios sociales, televisión o radio. Era simplemente la voz del Señor que había reunido al pueblo. Una compañía de profetas con una unción curativa estaba en el canal del nacimiento.

Semana tras semana, la palabra del Señor que rompería y separaría a las facciones religiosas fue catapultada en poder a través del púlpito. Estaba grabada en nuestros espíritus como tinta sobre papel. Yo era como una esponja absorbiendo cada palabra. La palabra del Señor fue dada de una manera que pocos tienen el privilegio de experimentar. El poder del Espíritu Santo volvió a despertarse. La iglesia era un incienso fragante liberado en la atmósfera. El árbol de la morera estaba rociando de nuevo con el sonido.

El manto que cayó trascenderá a muchas generaciones. He compartido muchas veces con mis hijos lo privilegiados que éramos de ser parte de lo que Dios estaba haciendo en la tierra. Hay muchas historias; El mío es sólo uno. El círculo completo para mí es que una de mis hijas está asistiendo a la Universidad Oral Roberts. Ahora sabemos cuán significativo fue todo y cómo todas nuestras vidas

VIDA PROFÉTICA PRÁCTICA

estuvieron entrelazadas sobrenaturalmente. Lo consideramos un honor haber estado presente. Veintitrés años más tarde, el profeta está reuniendo a la próxima generación de profetas y preparándose para llevar el manto en su generación.

Como con cualquier iglesia grande o movimiento, el conflicto surgirá. Muchos querían que el profeta hiciera más, y los críticos se acercaban a cada esquina. Sin embargo, administrar un movimiento que ni siquiera te di cuenta de que estaba en es extremadamente difícil. Sólo en retrospectiva puedes ahora ver huellas divinas. El hombre de la misión de Dios fue liberar el manto, y si estuvieras allí cuando subiera, ¡lo podrías tener!

17

EL ESPÍRITU DE GEHAZI

Una de nuestras tareas de ministerio es levantar profetas que no tienen fines de lucro. El ministerio profético puede reunir una gran riqueza individual y recursos, pero los regalos y las chucherías deben ser aceptados sólo con la aprobación de Dios. Por la palabra de Eliseo, Naamán fue sanado de una vida de lepra. Una respuesta natural fue dar una ofrenda. El profeta Eliseo negó firmemente su don. 2 Reyes 5: 15-16 dice,

> *Y volvió al hombre de Dios, él y todos sus ayudantes, y vino y se puso delante de él; Y él dijo: "De cierto, ahora sé que no hay Dios en toda la tierra, sino en Israel; Ahora, por favor, tomad un regalo de vuestro siervo. "Pero él dijo:" Como el Señor vive, delante de quien estoy, no recibiré nada. "Y él le instó a tomarlo, pero él se negó".*

El siervo de Elías, Geazi, pensó que capitalizaría la negativa de Eliseo. 2 Reyes 5: 25-27 (NVI) documenta la respuesta de Eliseo a la traición de Geazi.

Cuando entró y se puso delante de su amo, Eliseo le preguntó, "¿Dónde has estado, Geazi?"

"Tu siervo no fue a ninguna parte", respondió Geazi.

Pero Eliseo le dijo: "¿No estaba mi espíritu contigo cuando el hombre bajó de su carro para encontrarte? ¿Es este el momento para tomar dinero o para aceptar la ropa-u olivares y viñedos, o rebaños y manadas, o esclavos y esclavas? La lepra de Naamán se aferra a ti y a tu descendencia para siempre. "Entonces Geazi salió de la presencia de Eliseo y su piel era leprosa: se había vuelto blanca como la nieve.

Tres lecciones pueden ser determinadas a partir de este relato bíblico. Inicialmente, un profeta debe confiar sólo en la provisión de Dios. Todo no es para beneficio económico, y si hacemos que cada ministerio encuentre una oportunidad para obtener ganancias, ya no se convierte en una bendición del Señor. Más bien, el encuentro se convierte en una lujuria por el lucro inmundo.

En segundo lugar, tenga cuidado de pedir al Espíritu Santo que busque los motivos de los que le rodean. Así que muchas personas quieren unirse a usted simplemente para beneficiarse de su unción, la obediencia y el ministerio.

En tercer lugar, Eliseo era un profeta con integridad. Nadie habría cuestionado si había aceptado los regalos de Naamán, pero sabía que sólo Dios tenía que ser glorificado y compensado en esta situación. Su negativa se solidificó en los ojos de Naamán que Dios era el sanador, no Eliseo.

La lujuria es un pecado. Porque somos profetas del Nuevo Testamento, ahora incluye la intención y los motivos del corazón. Jesús dijo, *"Quien mira a una mujer para codiciarla ya ha cometido adulterio con ella en su corazón"* (Mateo 5:28). Por lo tanto, la lujuria y el adulterio espiritual no pueden ser eliminados.

Al oír la palabra "lujuria", muchas personas automáticamente piensan en "actividad sexual ilícita", pero la lujuria en su definición más verdadera es "desear algo que está fuera de la voluntad de Dios para la vida de una persona". Puede llamarlo para ser un maestro, Pero usted puede lujuria después de la carrera de otra persona como un actor o una actriz. La lujuria tiene un amplio alcance y limitarse simplemente a los deseos sexuales está reduciendo drásticamente el alcance del significado expansivo de la palabra.

Todos tenemos la propensión a querer satisfacer nuestros deseos y caprichos carnales. La Biblia dice que el pecado es placentero por una temporada (Hebreos 11:25), y el deseo de un ser humano es vivir una vida que sea satisfactoria. Desde el púlpito hasta el banco, la iglesia está repleta de lo que el filósofo Dallas Willard llama "cristianos vampiros". Todo lo que quieren es beneficiarse de la sangre de Jesús, no Su Señoría.

VIDA PROFÉTICA PRÁCTICA

Debemos esforzarnos por ser profetas que desean la obediencia primero; No podemos ser resistentes a las instrucciones de Dios. La vida profética es un proceso de muerte consistente. Si has rendido tu vida a Cristo, estarás constantemente bajo escrutinio. Dios desea un vaso puro y una santidad absoluta. No somos profetas que se inclinan ante el altar de la ambición egoísta.

18

CABLEADO PARA TRAER ÓRDENES

Como un profeta del mercado, me tomó muchos años para encontrar mi nicho. La mayoría de los empleos que tuve eran de corta duración, y yo estaba extremadamente aburrido hasta que aterricé mi primer trabajo en una organización de salud de buena reputación haciendo gestión de proyectos. La gestión de proyectos fue una profesión inaudita en los años 80 y 90, pero que es muy popular hoy en día. La gestión de proyectos y el control de calidad fueron tan intrigantes para mí porque el trabajo me ofreció la oportunidad de poner orden en el caos, permitiéndome tomar datos abstractos y convertirlo en algo significativo.

Según Deuteronomio 34:10, Moisés fue el mayor profeta hasta que Jesús, pero pasó mucho de su tiempo dirigiendo, enseñando, estableciendo disputas y organizando al pueblo para que el plan de Dios pudiera ser ejecutado. Este poderoso principio me dice que una de las mayores fortalezas de un profeta es su habilidad para establecer límites, orden y puntos de delineación.

Muchas veces, en la Biblia, Dios sancionó a un profeta a hablar porque las cosas estaban fuera de orden y no estaban sincronizadas con Su plan. Los Diez Mandamientos son un documento sistemático que trajo orden a la adoración porque la adoración del pueblo era desordenada. Por lo tanto, durante los últimos treinta años, me he encontrado poniendo el orden.

Una palabra de admonición: profeta, no te alarmes si por todas partes vas caótico; Es el plan de Dios, y estás en una misión divina. Mi hija mayor es una maestra comunicadora y educadora que ha luchado profesionalmente porque dice: "En todas partes, las personas y las empresas están tan desorganizadas". ¡Exactamente! Por lo tanto, Dios la ha utilizado tremendamente en la creación de estructuras de formación y la creación de políticas y procedimientos.

Los profetas no entran en escena hasta que es hora de construir o derribar un trabajo. Cada iglesia u organización a la que Dios me envió fue establecida recientemente, cambiando su infraestructura o en medio de un programa de construcción. Yo solía ser irritado porque quería ir a algún lugar que era agradable y ordenado con todo en su lugar, que por supuesto, es mucho más cómodo que ser atrapado en medio de una colisión espiritual.

En una iglesia u organización saludable, un profeta maduro puede convertirse rápidamente en una parte integral del liderazgo central. Los profetas vienen al lado del liderazgo y ayudan a mantener a la gente involucrada en tiempos de trastornos y cambios. Debido a su sensibilidad al Espíritu ya su agudo discernimiento, pueden evitar los ataques furtivos del enemigo que podrían estorbar el crecimiento y potencialmente causar discordia entre la gente. También añaden vitalidad, fuerza y vigor a la gente, refrescándolos con su disciplina espiritual y palabras llenas de poder.

Como un profeta del mercado en una asignación actual, me encontré luchando con mi nuevo jefe, y no pude entender por qué. Tuve un sueño en el que me dijo que regresara de la comida en 30 minutos. Como estaba tratando de llegar a tiempo, perdí mis llaves, mi cartera y terminé en un edificio completamente desconocido. Tuve que dar un paso para ver cuál era el verdadero problema. Si el don del profeta es traer orden, entonces el contraataque enemigo es confusión.

Siempre que Dios quería detener el progreso, Él envió confusión. Deuteronomio 28:20 dice, *"El SEÑOR enviará sobre ti maldición, confusión y represión en todo lo que pones tu mano para hacer."* El enemigo siempre ha reflejado y copiado la estrategia de batalla de Dios. En un estado de confusión, no se puede pensar con claridad; Usted está desorientado, y tiene problemas para centrarse en tomar decisiones. La confusión es el ataque enemigo, pero el contraataque del profeta está estableciendo el orden divino.

19

INFALIBLE

2 Timoteo 3:16 dice, *"Toda la Escritura es inspirada por Dios, y útil para la doctrina, para la corrección, para la instrucción en la justicia."* El modo de transporte para el ministerio profético es decretar y declarar. Los profetas tienen la responsabilidad de hablar lo que oyen en el oído, no lo que regurgitan de otra persona. Jeremías 23:30 dice, *"Por tanto, he aquí que yo estoy contra los profetas, dice el SEÑOR, que roban mis palabras a todas las personas de su prójimo."* Además, un profeta debe entender la autoridad que se le ha dado a través de su boca y las escrituras. Hebreos 4:12 (RV) dice: *"Porque la palabra de Dios es rápida y poderosa, y más cortante que cualquier espada de dos filos, penetrando hasta la división del alma y el espíritu, de las articulaciones y de la médula, y discerniendo los pensamientos y las intenciones del corazón."*

La palabra "dos filos" viene de la palabra griega *Distomos*[12], Que significa literalmente "de dos mocas" o "tener dos aristas". El significado de una espada de dos filos es que era el arma ofensiva y defensiva perfecta para cualquier soldado. También, conocido como "un bebedor de sangre", una espada de dos filos penetró a su víctima tanto entrando como saliendo

La belleza de ser un profeta bien estudiado es que entiende que la palabra en su boca es el arma definitiva y se usa para edificar, exhortar y consolar (1 Corintios 14: 3). Su boca no es un arma para ser usada para manipular y destruir al pueblo de Dios.

Hebreos 4:12 también confirma que la Biblia es un documento vivo, que respira, no anticuado o irrelevante. Nunca confíes en un profeta que no conoce las Escrituras. La responsabilidad de un profeta es meditar, recitar, declarar, estudiar y leer la Palabra de Dios, principalmente para conocer la resonancia de la voz de Dios. Dios habla en una frecuencia específica, y sin invertir tiempo en Su Palabra, las señales de un profeta pueden ser cruzadas. Hay muchas voces que claman para ser escuchadas y asegurarse de escuchar la correcta es de vital importancia.

VIDA PROFÉTICA PRÁCTICA

El profeta de Dios debe tener una dieta sana y consistente de la Palabra, ya que Dios no profetizará nada que viole Su Palabra. Un profeta siempre será capaz de validar la exactitud de su palabra si está en línea con la Palabra escrita. 2 Pedro 1:20, 21 (LEB) dice, *Reconociendo esto, sobre todo, que toda profecía de la Escritura no viene de la propia interpretación, porque ninguna profecía fue jamás producida por la voluntad del hombre, pero los hombres llevados por el Espíritu Santo hablaron de Dios.*

La profecía nunca ha surgido de la capacidad humana, pero siempre ha sido la habilitación de la inspiración divina. La Escritura advierte al profeta acerca de palabras que no son divinamente inspiradas. Deuteronomio 18:22 dice, *Cuando un profeta habla en el nombre del Señor, si la cosa no sucede o sucede, eso es lo que el Señor no ha hablado; El profeta lo ha dicho con presunción; No le tengas miedo.*

El pasaje en Hebreos también dice que la Palabra es *"Un discernidor de los pensamientos y motivos del corazón."* La mayoría de la gente nunca se da cuenta y aprehende esta verdad espiritual mientras lee la Palabra. Al estudiar la Palabra, les está revelando los pensamientos y motivos de su corazón que no se alinean con lo que Su Palabra dice. Un amigo compartió conmigo que Dios le dijo: "Mientras estás leyendo la Palabra, la Palabra te está leyendo. El profeta debe asegurarse de que opera desde un lugar puro y santo. Un profeta no puede vivir una vida en privado y otra en público. Una cita anónima dice: "Prefiero ser un fracaso público y un éxito privado que ser un éxito público y un fracaso privado". Muchos no leen la Palabra porque trae convicción, que es una de las tareas del Espíritu Santo. Nunca sea un profeta que evite la corrección. Si usted permite que la Palabra le corrija, la gente generalmente no tendrá que.

Para concluir, ya que hay un elemento en el ministerio del profeta que es para los perdidos, es importante ser claro en lo que crees y por qué. Desde y posición intelectual y académica, usted debe ser capaz de defender claramente las escrituras. Hay muchas religiones que dicen ser la verdad. *Así que, ¿cuál es la diferencia de Fritz Ridenour o Reino de los Cultos* Por Walter Ralston Martin son excelentes libros para leer sobre este tema.

VIDA PROFÉTICA PRÁCTICA

20

CONSTRUÍDO PARA PERDURAR

En los últimos tiempos, más gente parece estar cayendo del ministerio que nunca. Según se informa, más de 1600 pastores y / o líderes del ministerio abandonan o se ven obligados a salir del ministerio cada mes, y más de 7000 iglesias cierran cada año. Los pastores están desanimados, desilusionados y quemados, experimentando problemas financieros, rupturas familiares y fracasos morales. ¿Es este el plan divino de Dios? ¿O hay principios bíblicos, que pueden aislar a los profetas del fracaso del ministerio?

El ministerio es un llamado y una búsqueda a lo largo de toda la vida, no una vocación, y no hay un plan de jubilación terrenal. Su ministerio es tan fuerte como usted. Pablo el apóstol le dijo a su protegido, Timoteo,

> *Así que, hijo mío, arrojados a esta obra para Cristo. Pasa lo que has oído de mí ... a líderes confiables que son competentes para enseñar a otros. Cuando las cosas se ponen ásperas, tómalas en la barbilla con el resto de nosotros, como lo hizo Jesús. Un soldado de guardia no se enreda en hacer tratos en el mercado. Se concentra en llevar a cabo órdenes. Un atleta que se niega a jugar con las reglas nunca llegará a ninguna parte. Es el agricultor diligente que obtiene el producto. Piénsalo. Dios lo hará todo claro* (2 Timoteo 2: 2-7, MSG).

¡Los siguientes principios bíblicos ayudarán a establecer un ministerio que está construido para durar!

Ataque o distracción

Inicialmente, usted necesita para determinar si la situación actual es un ataque contra su destino o una distracción. Un ataque está diseñado para destruirte. Una distracción es una distracción o interrupción. Un ataque tiene el potencial de frustrar su destino y progresar hacia adelante; Una distracción es impotente y no es más que una perturbación. En Nehemías 6: 3, Nehemías respondió a Sanbalat, a Tobías, ya la distracción de Geshem el Árabe, declarando, *"Estoy haciendo un gran trabajo, por lo que no puedo bajar."* Él respondió a su ataque orando, "Dame fuerza."

De la misma manera, un profeta debe responder a una distracción permaneciendo de pie y no cambiando su posición. Un profeta responde a un ataque pidiendo la ayuda de Dios, permaneciendo conectado a la casa de Dios y conectándose con un creyente lleno del Espíritu. Ni siquiera un profeta puede superar un ataque solo.

Comprensión de su autoridad

¡Debes reconocer irrefutablemente que tienes poder que no es de este mundo! Tú eres impotente en tu propia fuerza, pero invencible en la fuerza de Dios. Lucas 10:19 (AMP) dice,

> *Escucha atentamente: Yo te he dado autoridad para que pisas sobre serpientes y escorpiones y sobre la capacidad de ejercer autoridad sobre todo el poder del enemigo; Y nada te hará daño [de ninguna manera].*

Darse cuenta de este principio te ahorrará algunas heridas innecesarias porque ya no lucharás batallas en tu fuerza.

Mantener tu postura profética

El ministerio del profeta es una corriente subterránea. Una corriente subyacente se define como "un sentimiento subyacente o influencia, especialmente uno que es contrario a la atmósfera reinante". Un profeta generalmente va en contra del grano porque los profetas siempre viven por encima de la pelea de la opinión pública. Los profetas antiguos se opusieron al clima socioeconómico y religioso. En Su día, Jesús, el Profeta, resistió la retórica religiosa de los saduceos y fariseos. Lo que declaramos no puede ser impulsado por nuestras emociones o personalidad.

VIDA PROFÉTICA PRÁCTICA

Soportar la persecución

La persecución es inevitable y esperada en la vida de un creyente y no debería ser una sorpresa o atrapar a un creyente de guardia. Él ha prometido en Su Palabra: *"Ninguna arma formada contra ti prosperará, y toda lengua que se levante contra ti en juicio, la condenarás. Esta es la heredad de los siervos de Jehová"* (Isaías 54:17). La persecución y la aflicción son mecanismos que Dios usa para producir crecimiento, estabilidad y resistencia. Éxodo 1:12 dice, *"Pero cuanto más los afligían, más se multiplicaban y crecían."*

21

AVANZANDO EN EL ESPÍRITU

Una mañana en mi camino al trabajo, estaba manejando en una autopista muy congestionada en el sur de California. Sólo había adelantado unos cuantos kilómetros cuando vi el mismo coche que había visto dos días antes. No me equivoqué porque la ventana trasera estaba rota. Mientras conducía, el Espíritu del Señor me habló y me dijo: "El hecho de que las cosas parezcan familiares no significa que estás en el mismo lugar." El Espíritu del Señor confirma que has ganado terreno y has tomado impulso. Usted tiene la oportunidad de entrar en su próxima temporada de productividad si cumple con todos los requisitos.

Primero, cree en las promesas de Dios. Romanos 4:20 (RV) dice que Abraham *"No se tambaleó en la promesa de Dios por incredulidad; Pero estaba ... completamente convencido de que, lo que había prometido, también pudo realizar."* Acepte que Dios requiere que creamos no sólo en Él sino también lo que Él dice en Su Palabra. La fe no consiste simplemente en cumplir las promesas, sino en utilizarlas como vehículos para su próximo destino.

Segundo, resista la tentación de ser crítico. Gálatas 6: 1 dice, *"Tú, que eres espiritual, restituye a tal persona ... para que no seas tentado."* Todo el que ama a Dios tiene problemas. Todos estamos tratando de trabajar en lo que no le agrada. Debido a que una de las funciones de un profeta está de pie en la brecha para otros, que la oración sea su primera respuesta.

Tercero, no mires hacia atrás. Lucas 9:62 (NVI) dice, *"Jesús respondió: "Nadie que pone una mano al arado y mira hacia atrás es apto para el servicio en el reino de Dios."'* Pablo el apóstol dijo, "Yo presiono." Sus errores ya no pueden determinar la altitud a la que usted vuela. La deuda del pecado ya ha sido pagada, y Dios ha extendido misericordia si verdaderamente se ha arrepentido. La historia de Lot y su esposa es un excelente ejemplo de las consecuencias de mirar hacia atrás. Su esposa se convirtió en un pilar de sal y pereció porque no escuchó las instrucciones de Dios.

VIDA PROFÉTICA PRÁCTICA

22

EL ARTE DEL APOTECARIO

Ron Carpenter dijo: "Mucha gente está tratando de lanzar aceite de la unción cuando las Escrituras mandan que fluya hacia abajo" (Salmo 133: 2). "La unción del Espíritu Santo es el aspecto más importante del ministerio cristiano. Sin la unción en la vida de un profeta, su ministerio es peligroso, laborioso, impotente e ineficaz. Es un requisito para todos los que sirven, pero el enfoque, en este libro, está en aquellos que llevan un manto profético.

Entonces, ¿cuál es la unción? En el Antiguo Testamento, la unción estaba representada por el aceite, que fue precisamente mezclado por el perfumista o el boticario. Un boticario era "un hábil comerciante que almacenaba compuestos específicos y suministros medicinales para mezclar compuestos, aceites y ungüentos". Los boticarios de mediados del siglo XVI son el equivalente de los farmacéuticos y químicos modernos.

El aceite de la unción es un subproducto de la santidad y no una mezcla que se puede conjurar o imitar. Además, el aceite fue utilizado para ungir el tabernáculo y sus vasos sagrados, así como para consagrar a los sacerdotes en el cargo. Sin ella, el santuario y los sacerdotes hubieran sido inaceptables para Dios.

Éxodo 30: 22-33 (MSG) da la instrucción divina de Dios a Moisés:

DIOS HABLÓ A MOISÉS: "Toma las mejores especias: doce libras y media de mirra líquida; La mitad que mucho, seis y un cuarto de libras, de canela fragante; Seis y un cuarto de libras de caña fragante; Doce libras y media de cassia-usando el peso estándar del Santuario para todos ellos- y un galón de aceite de oliva. Hagan de éstos un aceite de la unción santa, una mezcla hábil del perfumista.
"Usadlo para ungir la Tienda de Reunión, el Cofre del Testimonio, la Mesa y todos sus utensilios, el Candelabro y sus utensilios, el Altar de Incienso, el Altar de las Ofrendas Quemadas y todos sus utensilios, y el Lavabo Y su

base. Consagraos para que queden empapados de santidad, para que cualquiera que los toca se santifique.

"Entonces unge a Aarón ya sus hijos. Consagrarlos como sacerdotes para mí. Di a los israelitas: "Este será mi aceite de la santa unción por vuestras generaciones." No lo derrame sobre los hombres ordinarios. No copie esta mezcla para usar por sí mismos. Es santo; Santificarlo Quienquiera que mezcle algo como él, o lo ponga en una persona ordinaria, será expulsado."

¿Por qué Dios le hablaría a Moisés acerca de los ingredientes específicos que se usarían para crear el Santo Aceite de la Unción y luego usar a un individuo aparentemente desconocido de la tribu de Judá que fue un hábil maestro de metal para crearlo? Éxodo 37: 1, indica que Bazaleel, cuyo nombre significaba "en la sombra de Dios", continuó la construcción del templo. Éxodo 37:29 dice: "Y él hizo el aceite de la santa unción, y el incienso puro de especias dulces, según la obra del boticario." Así, de las referencias de las Escrituras, podemos ver que Dios llamó a individuos selectos a Preparar el aceite de la santa unción. Luego dio la revelación divina sobre cómo prepararla.

Bazaleel no tenía ningún entrenamiento previo en la fabricación del aceite de la unción santa. Sin embargo, la escritura dice que fue compuesto después del verdadero arte del boticario. Esto significa que, aunque Bazaleel no tenía entrenamiento previo en este oficio, el conocimiento requerido le fue impartido directamente por el Espíritu de Dios. La calidad de la mano de obra era la misma que si hubiera sido un maestro del comercio, y confirmado por los estándares de boticario. Así es como Dios obra. La carne no puede estar involucrada. Eclesiastés 10: 1 (RV) dice, *"Las moscas muertas hacen que la pomada del boticario envíe un sabor apestoso."*

Por lo tanto, ¿cómo se traducen estas instrucciones a los profetas del Nuevo Testamento? El aceite de la unción fue, literalmente, una mancha y un roce de aceite para empoderar a un individuo para el servicio o para llevar a cabo una tarea.

Nuestro profeta Jesús del Nuevo Testamento declaró lo siguiente en Lucas 4:18, *"El Espíritu del Señor está sobre mí, porque me ha ungido para predicar el evangelio a los pobres; Me ha enviado para sanar a los quebrantados de corazón, para proclamar la libertad a los cautivos y la recuperación de la vista para los ciegos, para poner en libertad a los oprimidos."*

1 Juan 2:20 dice: "Pero tú tienes una unción del Santo, y tú sabes todas las cosas". Este versículo confirma que el Espíritu Santo ha autorizado al creyente para un propósito específico. Todo lo necesario para cumplir con la misión dada por Dios ya está incrustado en la genética espiritual de la persona. Dios unge a un individuo para que haga algo significativo.

La unción que recibiste también te entrenará, te enseñará y te dará las herramientas necesarias que necesitas para lograr tu destino divino. Como se ha tratado anteriormente, Dios seleccionó los ingredientes específicos que constituirían el aceite de la unción santa. En el Antiguo Testamento, los ingredientes eran literales; En el Nuevo Testamento, son espirituales.

VIDA PROFÉTICA PRÁCTICA

La siguiente tabla explica las características de los ingredientes individuales en el aceite de la santa unción y cómo son aplicables hoy.

Especia	Cantidad	Historia	Característica de la unción
Mirra	500 plata	o En el mundo antiguo, valía más que su peso en oro. o Se usó para curar y aliviar el dolor. o Se usó para ungir el cuerpo de Jesús para el entierro. o Fue quemado por los romanos para cubrir el hedor de la carne quemada. o Cuando la especia se calentó, se expandió y floreció.	o Costoso. o Te prepara para la muerte y luego cubre su hedor. o Cura y alivia el dolor. o Purifica. o Perfuma.
Canela dulce y Cassia	750 plata	o El aceite se extrae por golpeo y maceración (causando que los componentes se descomponen usando agua). o La especia era muy fragante. o Añadió sabor a la comida. o Se le dio a Potentates como un regalo.	o Debe entrar en contacto con el agua (el espíritu) para ser utilizado. o Ser de buena reputación, capaz de agregar sabor. o Le llevará a la presencia de personas influyentes.

VIDA PROFÉTICA PRÁCTICA

Especia	Cantidad	Historia	Característica de la unción
Cálamo	250 plata	o Se utilizó para fines medicinales. o Las flores tienen un olor putrefacto y sólo desprenden un olor dulce cuando las hojas están rotas.	o Cura. o Debe ser roto para ser fragante.
Aceite de oliva	Hin	o El árbol puede soportar largas temporadas de sequía. o Crece lentamente y el fruto madura lentamente. o El árbol puede durar siglos y seguir siendo fructífero (algunos árboles han sido reportados como de más de 1000 años). o El aceite se produce añadiendo peso. o Se usó para ungir atletas y reyes. o Los ingredientes más importantes en la producción de olivos fructíferos son el sol, la piedra, la sequía, el silencio y la soledad: o Los árboles tienen sistemas radiculares robustos y extensos.	o Permite a una persona soportar períodos donde Dios parece estar lejos. o Se necesita tiempo para producir. o Proporciona longevidad (generalmente lo que vemos es un don en operación, la unción dura y perdura). o Permite a una persona soportar una gran presión y aún producir algo valioso y útil. o Elemento esencial para la mezcla.

VIDA PROFÉTICA PRÁCTICA

23

LAS MARCAS DE UN PROFETA MADURO

La madurez en un profeta es primordial. Los profetas novatos raramente entienden su función o los preparativos necesarios para ser efectivos en el ministerio cristiano. La gente es un lienzo de profeta, y deben ser manejados con cuidado. He visto a muchas personas gravemente heridas por profetas inmaduros que no tenían filtros ni restricciones. Cuando mi don profético empezó a ser operativo, pensé que debía hablar todo lo que me vino a la mente y decirle a todo el mundo lo que vi o percibí en el espíritu. Yo no tenía la madurez para entender que algo de lo que vi era por el bien de la oración y no para que yo verbalizara cada vez que sentía que tenía un mensaje para transmitir.

Si pudiera retroceder el reloj, habría buscado a Dios más y le habría preguntado: "¿Es esto para mí compartir u orar?". Si la Palabra es para que yo comparta, entonces el Espíritu Santo hablará a la persona antes de Mi compartición. Si el asunto es para mí orar, entonces el asunto permanecerá privado para que el Espíritu Santo haga la obra. He destacado algunas características que se tejen en el manto de un profeta maduro.

Un amor por la humanidad

Jonás era desobediente. En cuanto oyó la voz de Dios, Jonás 1: 3 dice que Jonás huyó de la presencia del Señor. Él creía que podía resistir la instrucción de Dios porque no le gustaba el pueblo al que Dios le estaba enviando. Él sentía que, debido a la naturaleza de los Ninivitas, ellos no merecían la misericordia de Dios. El hecho de que la gente creía en Dios enfureció al profeta. La obediencia es tan crucial en la vida de un profeta porque se le puede ordenar que hable a la gente que no cree que merece la misericordia de Dios.

David Berkowitz, apodado el Hijo de Sam, era un asesino en serie satánico cuyo reinado de terror terminó el 15 de agosto de 1977, después de matar a seis personas y herir a siete. Recuerdo haber escuchado *Enfoque en la familia* con el Dr. James Dobson, quien estaba llevando a cabo una entrevista de tres días con Berkowitz que era fascinante. (Que la entrevista de tres días está disponible en YouTube llamada "Hijo de la Esperanza".) ¿Qué le habría pasado al alma de David Berkowitz si el Dr. Dobson hubiera rehusado reunirse con él? Juan 3:16 no es contingente en el comportamiento de una persona, sino en el amor eterno de Cristo y el sacrificio espantoso. *"Porque tanto amó Dios al mundo"* Incluyendo David Berkowitz.

En una entrevista posterior con CBN, Berkowitz dijo que los recuerdos todavía lo perseguían, pero había dado su vida a Jesucristo. Cuando un entrevistador le preguntó: "¿Quieres ser atrapado?", Él respondió: "Quería ser entregado. Quería ser entregado. Vivía sin esperanza. Me había rendido a servir al Diablo ". A pesar de que ritualmente asesinó y herido a la gente, Dios todavía tenía un plan para su vida; Él se convirtió en el hijo de la esperanza. La redención de la humanidad es nuestro mayor enfoque, y la obediencia a la instrucción divina es un arma mortal contra el enemigo.

Humildad

La única preocupación de un profeta debe ser que el mensaje de Dios sea escuchado. Es tan fácil para un profeta querer que todos sepan su nombre y se le dé crédito, especialmente en la era de los medios sociales. Sin embargo, el ministerio no pertenece al profeta; El ministerio pertenece a Dios. Un profeta es simplemente un vaso. Debido a que el ministerio profético tiene tremendo poder de dibujo, puede ser muy fácil quedar atrapado y permitir que el orgullo se arrastre.

Un profeta que opera con orgullo es un veneno mortal que puede destruir una iglesia ladrillo por ladrillo, socavando al pastor y al liderazgo de la iglesia en un esfuerzo por ser conocido y ser significativo. Santiago 4:10 debe ser un pilar en el arsenal de oración de un profeta. El versículo nos manda que permitamos que Dios haga el levantamiento y no nuestro regalo: *"Humillaos delante del Señor, y él os elevará en honor"* (NLT).

VIDA PROFÉTICA PRÁCTICA

1 Crónicas 16:22 es probablemente la escritura más mal usada cuando se trata del ministerio profético. Por todas partes los profetas están declarando, *"No hagan daño a mis profetas."* Un profeta incircunciso tiende a creer que, debido a esta escritura, tiene algún privilegio especial y está por encima de la corrección.

El economista y autor Ron McKenzie dijo,

> Debemos ser cuidadosos en construir una teología del privilegio profético. Dios no ha prometido proteger a Sus profetas, pero Él protegerá Su Palabra. Jesús advirtió que los profetas serían perseguidos. No dijo que *debían* ser protegidos. Es muy importante mantener una perspectiva correcta de nosotros mismos y del ministerio que Dios nos ha confiado.

La popularidad no es la marca de un verdadero profeta, y la gente rara vez habla bien de un profeta. La popularidad y la fama son las marcas de un falso profeta. *"Ay de vosotros cuando todos los hombres hablen bien de vosotros, porque así hicieron sus padres a los falsos profetas"* (Lucas 6:26).

Una lengua domesticada

La boca de un profeta es el vehículo que Dios usa para cambiar atmósferas y traer liberación y sanidad a Su pueblo. Dios determina el mensaje no el profeta. Un profeta es literalmente Su portavoz, y la condición de su lengua es de suma importancia. Así como Dios usó a Moisés en Éxodo 3:14 para declarar un mensaje a Su pueblo, Él está usando los profetas de hoy.

Las palabras de un profeta pueden tener un efecto paralizante en las personas, y guardar lo que él dice ayuda a proteger la validez y credibilidad del ministerio que los administradores del profeta. El Salmo 141: 3 contiene una de mis constantes declaraciones a Dios: *"Guarda, oh SEÑOR, sobre mi boca; Vigila la puerta de mis labios."*

Debido a que Dios todavía habla por medio de Sus profetas hoy en día, ellos no tienen el lujo de hablar sus mentes. Él debe santificar sus labios y guardar cada palabra que sale de su boca. Las palabras que

VIDA PROFÉTICA PRÁCTICA

salen de la boca de un profeta no pueden ser una mezcla de lo santo y lo profano. Santiago 3: 8-12 exhorta a todo creyente:

> *Pero ningún hombre puede domar la lengua. Es un mal indisciplinado, lleno de veneno mortal. Con ella bendecimos a nuestro Dios y Padre, y con ella maldecimos a los hombres, hechos a semejanza de Dios. De la misma boca procede bendición y maldición. Mis hermanos, estas cosas no deben ser así. ¿Una fuente envía agua fresca y amarga desde la misma abertura? ¿Puede una higuera, hermanos míos, llevar aceitunas, o una vid, llevar higos? Por lo tanto, ninguna fuente produce agua salada y agua fresca.*

Comprender quiénes son

Según un capítulo anterior, es esencial que los profetas entiendan que son hijos. Un profeta es creado a imagen de Dios, y Él es el modelo que siguen los profetas. Cuando un profeta carece de identidad, imitará y copiará otros ministerios en lugar de desarrollar su propia expresión única. Los profetas tienden a luchar con la envidia, los celos y la comparación. La única cosa que matará el ministerio de un profeta está cayendo presa de estas trampas mortales. Con respecto a la comparación, Pablo amonestó a la iglesia en Corinto que compararse a sus compañeros es imprudente (2 Corintios 10:12). Andy Stanley, el pastor de la Iglesia de North Point dijo,

> No hay victoria en comparación. Seamos sinceros. No pasa un día que no te sientes tentado a mirar a la izquierda ya la derecha para ver cómo estás a la altura de las personas que te rodean. Pero no se detiene ahí, ¿verdad? Usted está tentado a comparar a sus hijos con otros hijos, su cónyuge con otros cónyuges! Es frustrante. Es agotador. ¡Es una trampa!

Hablo con muchos profetas que no piensan que son profetas porque no suenan, predican como o exhortan como otro. El peligro de esta comparación es que el profeta que hace la comparación nunca puede completar su misión si cree que la validez de su ministerio está ligada a cómo ejerce su propio don. Dios no crea copias; Más bien, Él crea a los individuos, y la expresión del don de cada uno estará en línea con su propia personalidad única. Salmo 139: 14 declara, *"Te alabaré, porque me hice temible y maravillosamente; Tus obras son maravillosas, y mi alma sabe muy bien."* Este Salmo refuerza el hecho de que cada persona es distinta en cada aspecto de su ser.

Solía luchar con la predicación con fuerza, y como resultado, yo trataría de estar tranquilo y recatado porque pensé que era la forma correcta de ser. Recuerdo ministrar en una iglesia cuando, en lugar de fluir con mi propio estilo de comunicación, decidí tratar de imitar a alguien más. Cuando terminé mi mensaje, mis hijos me miraron y me dijeron: "¿Quién fue? Eso ni siquiera sonaba como tú. "Como mis hijos estaban tan acostumbrados a mi ministerio, podían distinguir lo falso de lo auténtico. Juré que nunca volvería a hacer eso y tenía que aprender a aceptar el hecho de que mi estilo de predicación y enseñanza estaba ordenado por Dios.

Anclado en el amor

Los profetas, más que cualquier otro don, necesitan estar arraigados y anclados en el amor. La personalidad profética sólo ve dos colores: negro o blanco. No hay término medio; Las cosas están bien o mal. Debido a esta disposición, el profeta tiene una fuerte tendencia a ser muy crítico y crítico. Un profeta se siente muy cómodo frente al pecado públicamente y tiene muy poca paciencia para las personas que continúan en él.

Como participantes del nuevo pacto de gracia, los profetas deben asegurarse de que, al corregir y exhortar, siempre dejan la puerta abierta para que una persona pueda reconciliarse con Cristo. Independientemente del oficio que el profeta tenga, según el apóstol Pablo:

> *Todo esto proviene de Dios, que nos reconcilió consigo mismo por medio de Cristo y nos dio el ministerio de la reconciliación: que Dios reconciliaba el mundo consigo mismo en Cristo, sin contar los pecados de las personas contra ellos. Y nos ha confiado el mensaje de reconciliación* (2 Corintios 5:18, 19, NVI).

VIDA PROFÉTICA PRÁCTICA

Amantes de la Iglesia

Amar a la iglesia de Jesucristo es un requisito previo para ser un profeta sano, funcional y eficaz. La realidad de hoy es que muchos ministerios no entienden el don profético, y los profetas tienden a ser los primeros que se lastiman o pasan por alto. El profeta debe recordar que, si Dios lo envió a una iglesia, Él lo envió por una razón. La gente allí necesita el ministerio que Él ha confiado a Su profeta. Por lo tanto, el profeta debe permanecer firme y vigilante en la obra porque la vida de las personas está en juego.

Cuando una iglesia saludable pasa por alto el don profético, principalmente por ignorancia, los profetas comienzan a congregarse en iglesias que están llenas de profetas rechazados. Esto es muy peligroso porque el estándar del Evangelio rara vez se hace cumplir y porque el pastor no quiere ofender, crea una cultura de rebelión. Se convierte en un club espiritual y una reunión social. Los profetas están tan familiarizados con el rechazo que cuando encuentran un lugar donde puedan respirar y pertenecer, se echan raíces. Como profeta, usted está obligado a mantener el estandarte elevado; No baja porque usted todavía está luchando con ciertos problemas. Si estas cuestiones están presionando y la esclavitud está más allá de su capacidad de superar, el recurso adecuado es sentarse hasta que se sanan.

Los profetas sin raíz no llevan el corazón del Padre. Su misión personal es mucho más importante que la de Dios. Aquellos que observan pueden ver a estos profetas rápidamente divagando en su vitalidad espiritual. Dos razones importantes para mantenerse conectados se encuentran en el libro de Proverbios: *"Como el hierro afila el hierro, así el hombre afila el semblante de su amigo" (Proverbios 27:17) y" Un hombre que se aísla busca su propio deseo; Él rabia contra todo el juicio sabio"* (*Proverbios 18: 1*).

El profeta que se aísla pierde el privilegio de ser corregido y controlado por otros creyentes. La educación es una parte importante de la vida cristiana, ya que todo profeta necesita que otros creyentes autentiquen la validez de su ministerio profético. El nivel de educación del profeta, su donación o su mandato en la iglesia no influyen en su validez, porque el desencantar con el ministerio y el sesgo de las

VIDA PROFÉTICA PRÁCTICA

Escrituras puede hacerse fácilmente. Otra razón para mantenerse conectados es no descuidar o pasar por alto la fragancia de la dulce comunión con los santos. Hermandad con el pueblo de Dios es un privilegio y permite a los profetas a permanecer espiritualmente sanos. Hebreos 10: 24-25 (AMP) insta,

> *Y consideremos [pensativamente] cómo podemos alentarnos unos a otros a amar ya hacer buenas obras, no abandonando nuestra reunión juntos [como creyentes para adoración e instrucción], como es el hábito de algunos, sino alentándonos unos a otros; Y aún más [fielmente] cuando vean el día [del regreso de Cristo] acercándose.*

Cuando un profeta se desilusiona, puede fácilmente convertirse en herético, auto-justo, y difícil de corregir. No hay duda de que usted ha oído a la gente citar la declaración atribuida a Valerie Irick Rainford: "¡No importa dónde empieces, sino cómo terminar lo que importa!" Puede empezar bien y terminar mal. A través de los años, muchos han comenzado bien en el ministerio y luego rápidamente declinó debido a una ofensa o una indiscreción. El ministerio es todo lo que los profetas saben y puede ser muy lucrativo. Como resultado, hacen todo lo posible para mantener la máquina en funcionamiento. Un profeta puede renunciar fácilmente a su posición como uno de los profetas de Dios. Su don puede permanecer intacto, pero ya no representa a Dios; Él representa a una persona-él mismo. Como mentor que cura a las personas proféticas, estar conectado con una iglesia saludable es mi primera instrucción. Un profeta que se aísla se dirige a la destrucción.

Entiende su jurisdicción

En 2 Corintios 10:13 (NVI), vemos que Pablo entendió a quién fue llamado y cuándo. Él escribió bajo la inspiración del Espíritu Santo, *"Nosotros, sin embargo, no nos glorificaremos más allá de los límites adecuados, sino que limitaremos nuestra jactancia a la esfera del servicio que Dios mismo nos ha asignado, una esfera que también te incluye."* Me enseñaron que un profeta tiene autoridad donde tiene responsabilidad. En otras palabras, ninguna responsabilidad, ninguna autoridad. Dado que los profetas son personas muy intuitivas, ven más que el promedio de los asistentes a la iglesia. Pero todo lo que ven no es para ellos arreglar.

Puesto que los profetas pueden luchar con personalidades agresivas y tienen la tendencia a ser controladores, pueden anular la jurisdicción en la que han sido asignados. Hay momentos en que el Espíritu Santo te restringirá y como profeta, debes ser lo suficientemente sensible y obediente como para confiar en la conducción del Espíritu Santo. En uno de los viajes misioneros de Pablo, fue instruido por el Espíritu para no ir a Jerusalén. No hay explicación de por qué, ni Pablo buscó uno, él simplemente obedeció. Hechos 21: 1-4 dice,

> *Y aconteció que cuando nos habíamos alejado de ellos y zarpado, corriendo en dirección recta llegamos a Cos, al día siguiente a Rodas y de allí a Patara. Y encontrando un barco navegando a Fenicia, fuimos a bordo y zarpamos. Cuando habíamos avistado Chipre, la pasamos a la izquierda, navegamos a Siria y aterrizamos en Tiro; Porque allí el barco debía descargar su carga. Y encontrando discípulos, permanecimos allí siete días. Ellos le dijeron a Pablo a través del Espíritu que no subiera a Jerusalén.*

Tu esfera de influencia crece a medida que maduras, pero debes dedicarte a las tareas que te han sido asignadas y administrar a las personas dentro de esas tareas. Con esto, Dios mide tu madurez y fidelidad.

Inicialmente empecé mi ministerio en música como miembro del coro, un líder de alabanza y adoración y más tarde un administrador de coro. Inicialmente, la única autoridad que tenía era yo mismo. Tenía que dominarme antes de poder gobernar a nadie más. Tenía que asegurarse de que conocía mis canciones, asistí a ensayos, estaba en cada servicio asignado y era un miembro fiel de mi iglesia. A medida que mi ministerio empezaba a crecer, me convertí en el director del ministerio del maestro de altar en otra iglesia. En ese momento, no podía estar preocupado por lo que estaba pasando en el ministerio de los niños o cualquier otro ministerio. Mi jurisdicción era el ministerio del trabajador del altar.

VIDA PROFÉTICA PRÁCTICA

Ahora, opero mi propio ministerio y he viajado por los Estados Unidos y África. Pero entiendo mi jurisdicción y me mantengo dentro de los confines de mi ministerio. Aunque empecé en el ministerio de música, Dios me estaba moviendo sistemáticamente hacia mi propósito. Desconocido para mí, mi destino y el propósito último de Dios era para mí curar, madurar y entrenar profetas.

24

CUALIDADES INHERENTES

La personalidad profética es muy distintiva. En la teoría psicológica de Carl J. Jung (Jung, 1971), el autor enseña que las personalidades de la gente se basan en su actitud general, su percepción y cómo juzgan la vida a su alrededor. Según Jung, existen dieciséis tipos de personalidad diferentes. De la lista de Jung de tipos de personalidad, el profeta parece encarnar la personalidad "INFJ". La advertencia es que la ausencia o presencia de estas características no determina necesariamente si una persona es profética, sino que se utiliza como punto de referencia. Esta descripción de la personalidad se ajusta a los profetas bíblicos. Yo personalmente no he encontrado a un profeta que no tiene esta base psicológica.

Según Myers & Briggs, un equipo de madre e hija que investigó tipos de personalidad, este tipo de personalidad se caracteriza por I-Introversión, N-Intuición, F-Feeling y J-Judgment. Los INFJs tienen personalidades complejas que confían en la intuición y las emociones para abogar por lo que creen. Su complejidad puede verse en la vida del profeta Ezequiel, sobre la cual R. Loren Sandford escribió lo siguiente:

> Las personalidades proféticas a menudo tienen poca conciencia de lo que podría ser visto por otros como conducta extraña, y pueden tender a comunicarse de manera que ni ellos ni otros entienden completamente. ¡Juan el Bautista usó la piel del camello y comió bichos! ¡Comportamiento apenas normal! Ezequiel cavó hoyos en la muralla de la ciudad y llevó su equipaje de viaje todo el día sólo para que la gente lo viera (Ezequiel 12). Y eso no era nada comparado con Ezequiel 4, donde construyó una ciudad de juguete en el lugar público, y luego se estableció por ella durante la mayor parte de 430 días. Si eso no era suficiente, se había atado con cuerdas. Hizo todo esto sólo para proclamar el asedio y la destrucción de Jerusalén y la deportación de la población al exilio. Las personas "normales" nunca recibirían instrucciones tales como venir de Dios.

Curiosamente, este tipo de personalidad es extremadamente raro, y según varias fuentes, sólo representa el 1 por ciento de la población. Esa estadística sola me dice que, aunque muchos se llamarán a sí mismos profetas, hay muy pocos en cada generación. Mateo 24:11 (RV) dice, *"Y muchos falsos profetas se levantarán, y engañarán a muchos."*

Según Myers & Briggs, la personalidad de INFJ es conocida como el "Protector". Las fortalezas de esta personalidad incluyen una naturaleza intuitiva fuerte, muy ingeniosa, filantrópica, altamente basada en principios y muy inspiradora. Estos individuos altamente dotados pueden a veces hacer la interacción con ellos muy difícil, si no imposible porque todo en su mundo es un absoluto; No hay zonas grises. Son muy verbales cuando creen que tienen razón y dominan las conversaciones. Son extremadamente agresivos cuando se trata de expresar sus propias ideas, pero recuerde, es porque creen que sus ideas son sólo para el bien mayor. Es muy importante que una personalidad "protectora" aplique consistentemente la admonición de Santiago 1:19 (RV), *"Que cada hombre sea pronto para oír, lento para hablar, lento para la ira"*

Sus debilidades sitúan a este tipo de personalidad en la lucha contra la ansiedad, el estrés y la depresión. También tienden a luchar con la validez de su ministerio. La mayoría de las personas que he conocido que poseen dones proféticos tienden a alejarse de ellos. Como se discutió, luchan con la rebelión como se caracteriza en la vida de Moisés que golpeó la roca en lugar de hablar a ella como Dios le había dirigido (Números 20:11). Esta rebelión también estuvo presente en la vida de Jonás, quien no quiso su asignación y negoció con Dios para la reasignación.

Este tipo de personalidad también puede dificultar que los profetas mantengan relaciones íntimas. La personalidad se debilita por ser muy crítico y crítico. Por lo tanto, los profetas deben aplicar consistentemente la misericordia de Dios. Una caminata disciplinada del amor ayudará a frustrar esta inclinación natural. En Efesios 4:32, Pablo ordena, *"Sed buenos los unos con los otros, misericordiosos, perdonándoos unos a otros, así como Dios en Cristo os perdonó."*

En el ministerio, los profetas tienden a estar más preocupados por el ministerio del Espíritu Santo en operación que el grito del pueblo. Los profetas comprenden que, si se rinden al Espíritu Santo, Dios responderá al clamor del pueblo. Empujan a la gente hacia la intimidad con Dios. Su enfoque ministerial es generalmente la oración, el ayuno y la curación. Son adoradores naturales y tienen hambre de la presencia de Dios. Están sujetos por la santidad y la justicia y aborrecen la desobediencia en sí mismos y en los demás. El don profético puro se manifiesta en la predicación, la escritura y la exhortación. Los profetas son generalmente la respuesta de Dios a la injusticia social, la rebelión y la herejía. Los profetas están en el horario de Dios, y Él elige su asignación.

Los profetas, que son agudamente conscientes de la presencia del pecado y la injusticia, son muy sensibles a una falta de autenticidad y deshonestidad. Los profetas son portadores de la verdad y son más leales a la verdad que a las personas. Cortar las relaciones y seguir adelante es muy fácil para ellos porque su compromiso con la verdad puede hacer que sean nómadas espirituales.

Con la ayuda del Espíritu Santo, los desafíos relacionados con este tipo de personalidad pueden ser grandemente disminuidos a medida que el profeta se vuelve más cómodo en su propia piel e identifica los desencadenantes que hacen que estos rasgos negativos florezcan.

25

ARMADO Y LISTO

Rick Jenner, el autor de *Dressed to Kill, A Biblical Approach to Spiritual Warfare and Armor* escribió,

> Cualquier persona que haya estado en contacto con el pulso nacional de la iglesia rápidamente estaría de acuerdo en que a veces, el Cuerpo de Cristo experimenta lo que he venido a llamar un "Manía de guerra espiritual."
>
> Este énfasis en la guerra espiritual es bueno porque nos hace familiarizarnos con nuestro adversario, el diablo y cómo opera. Una vez que comprendamos su modo de operación, podemos entonces frustrar sus ataques contra nosotros. Esta es la misma razón por la que Pablo dijo a los Corintios acerca del diablo y su modo de operación, *"...No somos ignorantes de sus dispositivos [de Satanás]"* (2 Corintios 2:11).

La guerra espiritual es "el acto de tomar una posición contra las fuerzas del mal." La palabra operativa es la posición; Nunca fuimos instruidos en las Escrituras para luchar. Dios dijo a Josafat en 2 Crónicas 20:17, *"No necesitarás luchar en esta batalla. Colócate, quédate quieto y vea la salvación del Señor."* El salmista David apeló a Jehová Sabaoth, el Señor de la Hostia y el Capitán del ejército en Salmos 35: 1-2 que dice, *"Exhorta, oh Señor, a mi causa con los que se esfuerzan conmigo; Lucha contra los que luchan contra mí. Toma del escudo y del escudo, Y levanta mi ayuda."*

El conflicto entre el bien y el mal ha sido la batalla de los tiempos, y Dios usa a sus profetas para vencer las fuerzas del mal de maneras muy demostrativas. El punto importante a recordar es que un profeta nunca está solo. No importa cuán intensa sea la batalla, Dios está con Su siervo. Cuando el rey de Siria estaba haciendo guerra contra Israel, el profeta Elías estaba listo para la batalla. Cuando el ejército sirio rodeó a Israel, Eliseo no se estremeció. Le ordenó al joven que no temiera. 2 Reyes 6: 16-18 registros:

> *Y él respondió: No temáis, porque los que están con nosotros son más que los que están con ellos. Entonces Eliseo oró y dijo: "Señor, yo le ruego que abra los ojos para que vea". Jehová abrió los ojos del joven, y vio. Y he aquí, el monte estaba lleno de caballos y carros de fuego alrededor de Eliseo. Entonces, cuando los sirios vinieron a él, Eliseo oró a Jehová, y dijo: Golpead a este pueblo con ceguera. Y los hirió con ceguera conforme a la palabra de Eliseo.*

En medio de una gran presión, Elías se quedó solo como el único profeta de Dios contra los 450 profetas de Baal. 1 Reyes 18: 36-40 documenta el poder de la oración de Elías:

> *Y sucedió que cuando vino el sacrificio de la tarde, vino el profeta Elías, y dijo: Jehová Dios de Abraham, Isaac e Israel, sepa hoy que tú eres Dios en Israel y Yo soy tu siervo, y he hecho todas estas cosas en tu palabra. Escuchadme, oh SEÑOR, oídme, para que este pueblo sepa que tú eres el SEÑOR Dios, y que volvisteis sus corazones a ti. Entonces cayó el fuego del SEÑOR, y consumió el holocausto, y la madera Y las piedras y el polvo, y lamió el agua que estaba en la zanja. Cuando todo el pueblo lo vio, se postraron sobre sus rostros; Y dijeron: Jehová es Dios. ¡Y Jehová es Dios! "Y Elías les dijo:" ¡Aferran a los profetas de Baal! ¡No dejes que uno de ellos escapa! "Entonces ellos se apoderaron de ellos; Y Elías los trajo abajo al arroyo Kishon y los ejecutó allí.*

Los profetas son innatamente hábiles en la batalla y un profeta equipado está armado, peligroso y listo para atacar en cualquier momento.

26

GESTIÓN DE LA FAMILIA PROFÉTICA

Los genes familiares son poderosos. Al igual que los rasgos naturales se transmiten a nuestros padres, también lo son los rasgos espirituales. Así como heredé los ojos de mi madre y el cabello de mi padre, adquirí los dones proféticos de mi familia. Mi madre tenía un don profético muy fuerte, y también lo hacen todos mis hermanos. Mis hijos tienen también dones proféticos muy fuertes. Eso no significa necesariamente que van a caminar en la oficina de un profeta como lo hago porque Dios tiene un plan y propósito específico para ellos.

La familia de Moisés es el prototipo bíblico de una familia profética. Números 26:59 dice, *"El nombre de la mujer de Amram fue Joquebede, hija de Leví, que nació en Levi en Egipto; Y Amram dio a luz a Aarón ya Moisés ya su hermana Miriam."* Dios designó a Moisés como uno de los más grandes profetas para vivir (Deuteronomio 34:10); Su hermana Miriam era una profetisa (Números 26:59) y su hermano Aarón también era un profeta (Éxodo 7: 1).

Basado en la información de la personalidad profética proporcionada en un capítulo anterior, el hogar profético puede ser extremadamente volátil y conflictivo. Su naturaleza intuitiva y sensible puede hacer de la casa un bastión para la ofensa y el rechazo. Números 12: 1-5 detalla el conflicto entre Moisés, Miriam y Aarón porque no estaban contentos con la elección de Moisés por una esposa:

> *Entonces Miriam y Aarón hablaron contra Moisés por causa de la mujer etíope con la que se había casado; Porque se había casado con una mujer etíope. Entonces dijeron: ¿Ha hablado Jehová solamente por medio de Moisés? ¿Acaso no ha hablado también por nosotros?* "Y el SEÑOR lo oyó. (Y el hombre Moisés era muy humilde, más que todos los hombres que estaban sobre la faz de la tierra.) De repente, el SEÑOR *dijo a Moisés, Aarón y Miriam:* "¡Salgan ustedes tres al tabernáculo de reunión!", *Salieron los tres. Entonces Jehová descendió en la columna de nube, y se paró en la puerta del tabernáculo, y llamó a Aarón ya Miriam. Y ambos se adelantaron.*

VIDA PROFÉTICA PRÁCTICA

Además, la complejidad de la personalidad profética y la propensión a la depresión pueden obstaculizar la comunicación saludable dentro del entorno familiar, lo que puede abrir la puerta a sentimientos profundos de rechazo por encima de lo que un profeta ya experimenta por naturaleza de la llamada. Traté de ser diligente sobre la creación de un ambiente de aceptación en nuestra casa. Me enteré de los dos elementos esenciales en la gestión de un hogar profético están manteniendo limpias las líneas de comunicación. Es tan fácil dejarnos consumir con la vida que todos somos como los barcos que pasan en la noche. El otro es esencial crear un ambiente de amor y aceptación para evitar los efectos de la rivalidad entre hermanos. Si sólo tiene un hijo, ayúdelos a aceptar quiénes son y aislarlos de los peligros de la comparación como se discutió en un capítulo anterior.

Por otra parte, debido a que los profetas están muy orientados al servicio y anhelan intimidad, la familia del profeta tiende a estar muy unida. Mis hijos y yo hemos oído a menudo, "Parecemos hermano y hermana." Nunca he pensado en el hecho de que aparece de esa manera debido a la intimidad y cercanía de nuestra relación. Me respetan como su madre, pero también sienten la comodidad y la seguridad de compartir algunas de sus experiencias de vida, así como buscar consejo.

27

MINISTRANDO AL ESPOSO PROFÉTICO

Aunque los profetas se sienten más cómodos en las relaciones monógamas, muchas veces, en el matrimonio prefieren la paz, la soledad y pueden ser fácilmente agitados por la presencia de las personas. Mientras disfruta de su espacio personal, a menudo estará satisfecho y plenamente consciente de la existencia de su cónyuge. A pesar de su deseo de soledad pueden aferrarse a su cónyuge para el apoyo emocional durante las estaciones difíciles.

No presionar a este tipo de personalidad para comunicarse es importante ya que no les gusta el conflicto y evitar conversaciones difíciles. A pesar de evitar el conflicto, pueden tener ataques explosivos de ira cuando son presionados. Por lo tanto, es importante aprender a resolver amistosamente las diferencias, de manera que el resentimiento y la amargura no se les permite arraigar. Puesto que una gran cantidad de guerra espiritual alrededor del hombre profético puede ocurrir, es importante que la esposa del profeta sea experta en la oración. Interceder por un cónyuge profético puede ser obstaculizado si la amargura puede echar raíces. Por eso, el perdón es fundamental en el matrimonio profético.

Además, el cónyuge profético puede ser muy complejo emocional y mentalmente, pero simple cuando se trata de la vida. Como son introvertidos, aman la atención y anhelan profundas conexiones emocionales con los demás. A pesar de que pueden parecer de mal humor y aislados, son muy sensibles y deben ser manejados con cuidado. Puede que no expresen verbalmente su amor, sino porque los profetas tienden a ser orientados al servicio, recompensarán a sus compañeros emocionalmente con simples actos de bondad y afecto.

Además, los profetas deben casarse con profetas porque se requiere mucho esfuerzo para que un profeta permanezca en relaciones íntimas con personas que no son profetas. Casarse con un profeta, en mi opinión, es la situación ideal, pero los profetas también trabajan bien con personas que son innovadoras, inventivas y tienen una voraz sed de conocimiento.

VIDA PROFÉTICA PRÁCTICA

Puesto que somos el portavoz de Dios, guardar nuestras palabras como esposa y madre proféticas es vital para sostener un matrimonio y una familia saludables. Nuestras palabras no pueden usarse como herramientas para manipular a nuestros cónyuges en hacer lo que queremos que hagan. Una esposa debe abstenerse de usar sus palabras como armas emocionales. Colosenses 4: 6 dice, *"Que tu palabra sea siempre con gracia, sazonada de sal, para que sepas cómo debes responder a cada uno."* Debido a que somos impulsados hacia la santidad y la rectitud, podemos empujar a nuestras familias demasiado duro. Este empuje profético puede obstaculizar el crecimiento y la madurez de nuestras familias causando profundos sentimientos de imperfección.

Debido a que estoy en el ministerio público, debo constantemente recordarme que, en casa, soy una esposa y una madre. No puedo permitir que mi ministerio público se desangre en mis responsabilidades en casa. Además, el ser diligente sobre mi salud emocional me da la capacidad de no tomar todo lo personal.

28

SALVAGUARDANDO AL NIÑO PROFÉTICO

La madre de Moisés, Jocabed, entendió muy bien su responsabilidad en salvaguardar la vida de su hijo y proteger su vocación. La madre de Moisés tenía tres hijos proféticos, por lo que debió tener una idea del propósito de Dios para sus vidas. Cuando Faraón decretó que todos los niños hebreos nacidos tuvieron que ser arrojados al Nilo (Éxodo 1:22), Jocabed y la hermana de Moisés, Miriam, comenzaron a diseñar un plan para la protección de Moisés. En este tiempo, Aarón tenía ya tres años (Éxodo 7: 7), por lo que no era un objetivo del plan de exterminio del Faraón.

El nacimiento de Moisés convergió con el plan de Faraón para destruir a todos los niños varones hebreos. Fue marcado desde el nacimiento. Éxodo 2: 1-8 registros,

> *Y un hombre de la casa de Leví fue y tomó por esposa a una hija de Leví. Así, la mujer concibió y dio a luz un hijo. Y cuando vio que era un niño hermoso, lo escondió tres meses. Pero cuando ya no pudo esconderlo, tomó un arca de juncos para él, lo pintó con asfalto y pino, puso al niño en él y lo depositó en los juncos junto a la orilla del río. Y su hermana se paró de lejos, para saber qué se le haría. Entonces la hija del Faraón vino a bañarse en el río. Y sus doncellas caminaban por la orilla del río; Y cuando vio el arca entre los juncos, envió a su doncella a buscarla. Y cuando la abrió, vio al niño, y he aquí, el bebé lloró. Entonces ella tuvo compasión de él, y dijo: "Este es uno de los hijos de los hebreos." Entonces su hermana dijo a la hija de Faraón: "¿Voy a llamar a una enfermera para ti de las hebreas, Hijo para ti? "Y la hija de Faraón le dijo:" Ve. "Entonces, la doncella fue y llamó a la madre del niño.*

Por lo tanto, la responsabilidad principal de una madre en criar a un niño profético es salvaguardar su espíritu y cultivar su llamado. El asalto demoníaco puede abrir la puerta a problemas emocionales profundos y posiblemente a enfermedades mentales. Las personas proféticas deben dominar el arte de administrar lo que ven en el reino de los espíritus con lo que está sucediendo en el reino natural. Los niños no tienen la capacidad espiritual o emocional o la madurez para hacer eso. Cada profeta en la Biblia tenía visiones o encuentros espirituales. Samuel, el niño profeta, oyó voces (1 Samuel 3: 4, 6, 8, 10). Sin Eli, Samuel podría haberse vuelto muy confuso porque 1 Samuel 3: 6 dice que Samuel todavía no conocía al Señor. Daniel tenía visiones e interpretaba sueños (Daniel 2: 19-24). Isaías vio una visión del Señor cuando murió el rey Uzías (Isaías 6: 1).

Cuando era niño, mis pesadillas contenían un tema recurrente. Recuerdo haber tenido el mismo sueño una y otra vez durante semanas e incluso meses. Mi recuerdo de alguien que me persigue en un gran castillo es tan vivo hoy como lo fue hace cuarenta años. Varias veces, encontré fuerzas oscuras, que me dejaron asustado y temeroso. También experimenté rechazo aplastante de la gente alrededor de mí. Los niños serán hijos y los hermanos tienen naturalmente conflicto, pero una familia profética debe ser muy sensible y vigilante que el enemigo no está tratando de paralizar emocionalmente a sus hijos a través de estos encuentros. Yo estaba muy atento y vehemente sobre no crear rivalidad entre hermanos. Aunque esta competencia puede ocurrir naturalmente, un padre puede exacerbar la situación favoreciendo a un niño sobre otro.

Como estas dinámicas familiares, junto con mi propia disfunción jugó, mi hija menor y el hijo mayor experimentado probablemente el conflicto más espiritual y emocional. Esta lucha dejó a mi hija menor sintiéndose muy aislada y sola. Recuerdo que una noche, cuando tenía casi diez años de edad, y nos estábamos dejando un estudio bíblico, el Espíritu Santo me dijo que le dijera: "No eres la oveja negra de la familia".

"Siempre pensé que era", ella respondió.

Dios intervino en su vida de una manera muy demostrativa. Ahora tiene 24 años y he tenido que hablar continuamente esas palabras para que ella oyera y reforzara su espíritu.

Mi hijo mayor tuvo un encuentro con un ángel cuando tenía cinco años, lo que le hizo evitar completamente los asuntos espirituales. Él compartió que cuando él se levantó para ir al cuarto de

baño una noche, él vio a hombre sonriente que desgastaba una túnica blanca que se colocaba en la puerta del cuarto de baño.
"¿Tuviste miedo?" Yo pregunté.
"No," él respondió.

Su respuesta me dijo que lo que vio no era un espíritu demoníaco. Dado que la naturaleza misma de Satanás es el miedo, yo sabía que su visita era angélica.
El hombre lo miró y dijo: "Todo va a estar bien".

Mi hijo dijo que el ángel entró en el cuarto de nuestras hijas, los miró y salió por la ventana de su dormitorio, lo cual confirmó mi creencia de que mis hijos fueron visitados por un ángel. Debido a que la ventana estaba tan cerca del suelo, su padre lo había clavado para que nadie pudiera entrar mientras dormían. Estos dos encuentros me mantuvieron intercediendo constantemente por la presencia de Dios en sus vidas y su salvación.

En segundo lugar, mi responsabilidad como padre es asegurar que entiendan claramente cuál es su responsabilidad profética en esta vida. Debo asegurar que su brújula moral está calibrada correctamente y colocarlos a aceptar el hecho de que son agentes de cambio en cualquier ámbito que Dios los establezca. Lo que es más importante, es mi trabajo darles un hambre por la Palabra de Dios. La Palabra debe ser su primera reacción ante los retos de la vida.

Personalmente, mi familia estaba llena de profetas lisiados. No teníamos esta salvaguardia espiritual; Mis hermanos y yo experimentamos una abundancia de tormento espiritual y abuso emocional y sexual. Cuatro de cada cinco de mis hermanos y mis padres terminaron con alguna forma de adicción a las drogas y / o enfermedad mental. Podemos contribuir algunos de nuestros problemas a las maldiciones generacionales, pero yo aporte la mayor parte de ellos a dones proféticos no administrados y tener padres que no entendieron su responsabilidad espiritual. Rezo por mi familia diariamente y sé que Dios honra la oración eficaz y ferviente.

29

EXCELENCIA EN EL LUGAR DE TRABAJO

Como profeta, su función no es sólo en la iglesia. Algunos profetas están estrictamente asignados al mercado, y deben aprender a manejar a la gente y no hacerles daño. Como un profeta del mercado, Dios me usó para hablar en la vida de la gente, pero tenía que ser estratégico porque todavía tenía que honrar la ética de la compañía para la cual trabajé y realicé el trabajo que había sido contratado para hacer. Un empleador cristiano dijo: "No me gusta contratar a los cristianos porque no trabajan. Pasan su tiempo haciendo ministerio ". Además, tuve que asegurar que la persona que recibía el ministerio estaba en un buen lugar para recibirlo y no causó interrupción emocional indebida.

Las estadísticas dicen que sólo el 2 por ciento de la gente trabaja en la iglesia; El otro 98 por ciento está en el mercado. Pasé treinta años como un profeta del mercado, y vi a Dios prosperarme y crear oportunidades para ministrar Su amor y salvación a la gente. Una vez oí a un hombre dar su testimonio sobre el deseo de estar en el ministerio de tiempo completo. "Yo oraría a Dios todos los días para abrir la puerta para el ministerio. Un día Dios me habló y dijo: 'Tu trabajo es tu ministerio' ".

El testimonio de ese hombre me ministró porque me tomó muchos años abrazar el hecho de que Dios me necesitaba justo donde yo estaba. Durante años, sentí como si estuviera llevando un doble ministerio de vida los fines de semana y trabajando diligentemente mi trabajo los días laborables. Ministrar al pueblo de Dios fue mi pasión, y sentí que mi trabajo era una distracción no deseada que estaba interfiriendo con mi vida real.

Hasta que abracé el concepto de que mi trabajo era mi ministerio, empecé a evangelizar el mercado. Tuve la oportunidad de tomar pausas y almuerzo con personas que necesitaban un toque de él. Oré por, ministré, di la dirección, y amé al pueblo de Dios en el mercado. Como resultado, las vidas fueron cambiadas.

En un caso, el esposo de mi ex jefe fue diagnosticado con cáncer de hígado y de páncreas. Más tarde fue a estar con el Señor, pero yo estaba agradecido de que mi esposo y yo tuviéramos la oportunidad de estar con ellos durante ese tiempo en sus vidas. Poco después de que él pasara, tanto mi jefe como yo pasamos a otras posiciones. Yo quería pasar de esa posición varias veces, pero Dios me mantuvo allí hasta que mi asignación fue completa.

Fui testigo de la mano de Dios que me usó para salvar matrimonios, salvar familias y entrenar a los profetas en ciernes. Yo animaría a aquellos que leyeran este libro a permitir que Dios los use donde ustedes están. Él sabe cuándo usted está listo para la transición en algo más satisfactorio si usted no está ya en un lugar eficaz del servicio.

Comúnmente, la persona profética tiende a ser de naturaleza emprendedora y desea estar en el ministerio de tiempo completo o tener su propio negocio. Sin embargo, debo insistir: que Dios sea tu guía. Mientras escribo este libro, hace poco inicie la transición en un espacio donde puedo prepararme para el ministerio de tiempo completo, así como abrir mi propia compañía. Antes de salir del mercado, a menudo me lamentaba de haberlo hecho. Yo estaba tan dispuesto a tirar la toalla y seguir adelante, pero un profeta vino a mí y dijo: "Usted puede estar hecho, pero usted no está liberado." Tuve que esperar pacientemente para la liberación divina de Dios y que la liberación tomó un más año.

Si usted es un profeta llamado al mercado, entendiendo que la educación puede abrir la puerta, pero sólo la unción en su vida se moverá hacia adelante es importante. Esta generación ha sido engañada pensando que la educación es equivalente a la unción. La educación es importante y proporciona una plataforma desde la cual comenzar, pero la unción y el favor de Dios hacen que una persona sobresalga en su ministerio en el trabajo.

Yo no estaba tan formalmente educado como mis compañeros, pero aprendí más de la experiencia. Aunque, a veces, me sentía inferior por mi falta de educación formal, el Espíritu de Dios me enseñó que una persona con una unción es mucho más superior a una persona con un título. El profeta Isaías dijo, *"El Señor Soberano me ha dado una lengua bien instruida, para conocer la palabra que sostiene a los cansados.*

VIDA PROFÉTICA PRÁCTICA

Él me despierta mañana por la mañana, despierta mi oído para escuchar como un ser instruido (Isaías 50: 4)."

Mientras estaba en el mercado, vi a Dios moviéndome de ganar salario mínimo a más de seis cifras. Vi a Dios enseñarme cómo comunicarse con los más educados que yo. Como un juego de ajedrez bien diseñado, me colocó delante de la gente adecuada en el momento adecuado. Me dio las asignaciones perfectas que me permitieron brillar. Él era fiel, y traté de ser tan fiel a Él por ser un buen empleado.

Cuando era niño, tenía aspiraciones de convertirme en un científico. También me encantó la historia y la información absorbida de nuestro conjunto de enciclopedias. Entonces me convertí en un entusiasta de los deportes y quería hacer medicina deportiva; Sin embargo, cuando terminé la escuela secundaria, me matriculé en la universidad para estudiar el campo de la ingeniería. Por un capricho, terminé obteniendo mi certificación en contabilidad. Verás, Dios tenía otro plan y sabía la profesión exacta que encajaría con mi personalidad profética y llamaría.

Entonces, ¿qué trabajos son buenos para los profetas del mercado? Terminé trabajando en la industria de la salud durante treinta años. Según los estudios, los empleos primarios que son gratificantes para los profetas o INFJs son trabajos relacionados con el ministerio como una capellanía, pastoreo o como un evangelista. Los profetas también prosperan como directores de proyectos, árbitros deportivos, facilitadores de reuniones y analistas de decisiones desde que poner orden es parte de su descripción de trabajo espiritual. Los profetas de los escribas sobresalen cuando trabajan en el sistema judicial y en los departamentos de policía. Los profetas con un manto curativo funcionan bien en la industria de la salud. Los creativos prosperan como profesores y en la industria del entretenimiento. Como advertencia, la personalidad profética que salió mal puede producir líderes tiránicos, así como aquellos que desarrollan seguidores de culto.

El tipo de personalidad INFJ ha producido grandes líderes como Jesús, Martin Luther King, Jr., Nelson Mandela y Mahatma Gandhi. El lado oscuro de esta personalidad formó líderes retorcidos como Adolf Hitler, David Koresh y Osama bin Laden. Algunos de los creativos con este tipo de personalidad incluyen Oprah Winfrey, Jamie

VIDA PROFÉTICA PRÁCTICA

Foxx, Lady GaGa, Nicole Kidman, Adam Sandler, Prince, Tom Selleck y Al Pacino. Líderes y filósofos del mundo incluyen a Madre Teresa, Aristófanes, Calvin Coolidge, Thomas Jefferson y Woodrow Wilson.

30

BRUJAS EN EL LUGAR DE TRABAJO

El espíritu de Jezabel ha tomado el lugar de trabajo. Según un estudio realizado en Kaiser Permanente, el 88 por ciento de todas las personas habían visto intimidación en el lugar de trabajo o habían sido víctimas de la misma. La intimidación en el lugar de trabajo se ha convertido en un elemento básico hoy.

Con tanta frecuencia, los profetas pueden ser el blanco de estos ataques viciosos. Baso mi declaración anterior en mi propia experiencia, así como hablando con otros profetas del lugar de trabajo. Los profetas tienden a usar el ojo de buey porque no se sienten cómodos con el status quo y tienden a desafiar el sistema y los procesos.

Hacia el final de mi carrera en el mercado, concentré mi energía en la mejora de procesos. Aunque fui contratado para hacer exactamente eso, actuar no fue bien con mis jefes. En vez de eso, mis sugerencias de mejora sólo sirvieron para crear una angustia sin fin y los poderes que se querían que me fuera -como sabía que era hora de que me fuera. Las tácticas utilizadas para eliminarme eran mucho menos que éticas. Su agenda era "por cualquier medio necesario", pero comprendí claramente que lo que Dios me había dado no podía ser quitado de mí. Me quitarían cuando Dios hubiera terminado conmigo allí.

La postura de batalla principal a tener en el trato con una persona que tiene el espíritu de Jezabel es no tomar el ataque personalmente. El tema es más acerca de sus inseguridades que de ti. O intimidarlos o temen que los superará o los exponga. Luchan con cuestiones de identidad profundamente arraigadas, como la envidia y los celos. Ellos tienen miedo de ti y de Aquél que vive dentro de ti. También debes reconocer que estás invadiendo territorio enemigo.

El último departamento en el que trabajé para mi empresa era conocido por su liderazgo tiránico y sus tácticas guerrilleras. Ciertas características identifican a una bruja del lugar de trabajo. La lista siguiente contiene los signos primarios que indican el ataque demoníaco de Jezabel:

- o Son muy manipuladores.

- o El ferrocarril todas las conversaciones porque su objetivo es crear confusión. Nada de lo que dicen es válido.

- o A menudo son muy críticos y degradan a sus subordinados.

- o Buscan invalidar a la gente y sacudir su confianza.

- o Son perspicaces por el detalle, reconocen fácilmente los errores de otros y ocultan sus propios.

- o Inicialmente, son muy cordiales, ya que el tamaño de las personas en busca de cualquier debilidad en la que pueden capitalizar.

- o Todo lo que hacen es impulsado por la ambición egoísta.

Nadie está indefenso en esta situación, y nadie debe aceptar el abuso. Reconocer la necesidad de una estrategia de batalla eficaz es vital. La guerra espiritual es parte de la agenda diaria de todos los creyentes tanto como asistir a una reunión, responder a correos electrónicos, tomar una llamada de conferencia o ver un seminario web. Si Dios te puso allí, nadie tiene la autoridad para desplazarte. Ore por su jefe y busque otro puesto si Dios así lo lleva. A menudo, Dios le pedirá que se quede porque tiene un plan más grande.

Usted también tiene el derecho de protegerse, y no permita que la intimidación le mantenga en silencio. Informe del comportamiento de su jefe al departamento de cumplimiento de su empresa y / o recursos humanos. Dejé que el enemigo me atormentara con silencio durante mucho tiempo. Además, use el ministerio de documentación. Archive todas las conversaciones por correo electrónico. Utilice el correo electrónico en lugar de tener conversaciones telefónicas y documentar todas las conversaciones.

Las siguientes son cuatro claves para tomar una postura de batalla efectiva en el lugar de trabajo:

1. Antes de ir a trabajar, pasa tiempo en la oración y fortalecerse en la Palabra. Salmo 119: 105 dice, *"Tu palabra es una lámpara a mis pies y una luz a mi camino."*

2. Estar agradecidos. Quejarse te abre al enemigo y le facilita el debilitarte. 1 Tesalonicenses 5:18 dice, *"En todo dan gracias; Porque esta es la voluntad de Dios en Cristo Jesús para vosotros."*

3. Sepan que Dios está luchando por ustedes. David clamó a Dios, *"Exhorta, oh SEÑOR, mi causa con los que se esfuerzan conmigo; Lucha contra los que luchan contra mí"* (Salmo 35: 1).

4. Tomar posesión de su lugar de trabajo. Dios le dijo a Moisés en Éxodo 3: 5 (RV), *"Quita tus zapatos de tus pies; porque el lugar donde estás es tierra santa."* Dios me dijo hace mucho tiempo: "Incluso si estás en medio de demonios, el suelo donde tus pies tocan es sagrado y restringe la actividad demoníaca".

31

UNA EMPRESA DE PROFETAS

La historia de Ana, la mujer estéril que clamó a Dios por un niño, es un pasaje familiar para muchos. Dios respondió a su petición y, a su vez, juró a Dios que el niño le pertenecería. "Ella dijo a su esposo," Después de que el niño sea destetado, yo lo tomaré y presentaré delante de Jehová, y él vivirá allí siempre " (1 Samuel 1:22). Samuel fue confiado al cuidado de Eli el sacerdote como Hannah había prometido.

Eli le proveyó y cultivó su don. Lo más importante, Eli enseñó a Samuel cómo reconocer y responder a la voz del Señor.

> *Por lo tanto, Elí dijo a Samuel: "Ve, yací; Y será, si Él os llama, que debáis decir: 'Habla, SEÑOR, porque tu siervo oye.' "Entonces Samuel fue y se acostó en su lugar. Y vino Jehová, y se puso en pie, y llamó como en otras veces: ¡Samuel! Samuel respondió: "Habla, porque tu siervo oye"* (1 Samuel 3: 9 y 10).

Samuel era el profeta de Dios. 1 Samuel 3:19 y 20 confirman la llamada de Dios: *"Samuel creció, y Jehová estaba con él, y no dejó caer ninguna de sus palabras por tierra. Y todo Israel, desde Dan hasta Beerseba, sabía que Samuel había sido establecido como profeta de Jehová."* Samuel ungió a los reyes (1 Samuel 10:25, 1 Samuel 16: 1), sirvió como último juez de Israel (1 Samuel 7:15), reunió a los profetas y anunció una nueva orden profética (1 Samuel 19:20). Debido a su relación con Eli, Samuel comprendió el valor de la mentoría, que podría haber sido el catalizador para reunir a los profetas y verter su espíritu en ellos.

Según Tim Bartee, el director de educación cristiana de la Iglesia de Dios, Asamblea de Montaña:

> Hay referencias a los profetas antes de Samuel, pero son raros y muy estrechos en su alcance. Es después de la vida de Samuel que vemos el ministerio del profeta florecer y convertirse en la influencia espiritual en la historia de la nación.

VIDA PROFÉTICA PRÁCTICA

El texto bíblico es muy claro que los profetas viajaron en compañías o bandas. Estos profetas se unieron en números para servir al Señor; No eran un grupo ragga sino un batallón de poder profético. Durante el reinado de Jezabel, Obadías protegió a 100 profetas para que pudieran continuar su ministerio y no ser sacrificados durante la matanza de la reina (1 Reyes 18: 4). 2 Reyes 2:15 y 16 estados 50 profetas fuertes fueron posicionados para ayudar a Eliseo en el ministerio.

Las Escrituras indican claramente que los profetas vivían juntos. David y Samuel viajaron frecuentemente a Naioth en Ramá según 1 Samuel 19:22, que dice, *"Entonces él también fue a Ramá, y vino al gran pozo que está en Sechu. Y preguntó, y dijo: ¿Dónde están Samuel y David? Y alguien dijo: "En verdad están en Naiot en Ramá"*. También en 1 Samuel 19:19, *"Entonces se lo dijo a Saúl, diciendo: 'Toma nota, David está en Naiot en Ramá.'"* David comprendió claramente la autoridad espiritual que descansaba en una casa profética. La palabra Naioth proviene de la palabra hebrea Navith, que se traduce como "una morada de profetas". La Biblia judía completa traduce a Naioth como "dormitorio".

Durante el mandato de Samuel, los profetas fueron referidos como una "compañía" que apareció juntos en Gilgal y Ramah. En el día de Elías y de Eliseo, fueron referidos como "los hijos de los profetas" que se reunieron en Gilgal (2 Reyes 4:38), Jericó y Bet-el. En Hechos 13: 1, se reunieron en la iglesia de Antioquía. Estos hombres y mujeres estaban vinculados para un propósito específico y colectivamente trabajaron juntos. Al igual que los animales se mantienen cerca de su manada y entienden la fuerza en número, también lo deben hacer los profetas. Dios usó estos grupos de profetas para confirmar la unción de Saúl (1 Samuel 10: 2) y para testificar y confirmar la transferencia de manto de Elías a Eliseo (2 Reyes 2:15). Fueron instrumentales en la unción del rey Jehú (2 Reyes 9: 1). Ayudaron a reconstruir la casa de Dios en Jerusalén (Esdras 5: 2). Ellos cuidaron de los suyos (2 Reyes 4: 1).

2 Reyes 4: 1 demuestra el significado y beneficio de la comunidad profética. La mayoría de nosotros hemos oído hablar del milagro de la mujer viuda y el frasco de aceite, pero lo más importante es el catalizador de ese milagro. El pasaje dice lo siguiente:

VIDA PROFÉTICA PRÁCTICA

Una mujer de las mujeres de los hijos de los profetas clamó a Eliseo, diciendo: Tu siervo, mi marido, ha muerto, y sabes que tu siervo temió al SEÑOR. Y el acreedor viene a tomar a mis dos hijos para ser sus esclavos.

Este pasaje exuda el poder de una compañía profética. Eliseo no buscó a esta mujer; Ella gritó a él, y él respondió a su basado-en la relación.

Los profetas naturalmente gravitan hacia la comunidad profética. Empecé a darse cuenta de que cada persona que vino a mí para la tutoría o consejería tenía un don profético. Como creyente, cada iglesia a la que he asistido tuvo un impulso profético. Es importante que los profetas, especialmente los jóvenes e inexpertos, se reúnan para entrenar y fortificarse en una comunidad saludable. Quiero reiterar que nadie puede capacitar a una persona para ser un profeta; Él es nacido uno (Jeremías 1: 5).

El núcleo del entrenamiento profético es nutrir la llamada que ya está presente. Como cualquier regalo, necesitas entrenamiento. El don profético es tan poderoso que podría ser un arma de destrucción masiva si no se enseña cómo utilizarla correctamente. Si no se enseña cómo gobernar el entorno a su alrededor, grandes daños emocionales y espirituales pueden ocurrir a usted ya otros. Otro propósito de una compañía profética es para la protección de sus jóvenes. Como cualquier animal depredador tratará de apoderarse de cachorros jóvenes e indefensos, del mismo modo, el enemigo también tratará de obstaculizar e incluso poner fin al futuro ministerio de un joven profeta. El espíritu de Herodes recorre la tierra, tratando de cortar prematuramente la voz del profeta. Por eso es importante continuar con la formación académica y espiritual de los profetas con el único objetivo de maduración.

Satanás está siempre tratando de imitar la obra de Dios en la tierra para crear engaño. He incluido como referencia las escrituras que se refieren a falsos profetas. Así como los profetas de Dios se reúnen, así se reúnen los falsos profetas. Las siguientes son referencias de las Escrituras que validan ese hecho; (1 Reyes 18:19, 40, 1 Reyes 22: 6, 2 Crónicas 18: 5, 1 Reyes 22:10, 2 Crónicas 18: 9, 1 Reyes 22: 12-14, 2

VIDA PROFÉTICA PRÁCTICA

Crónicas 18: 11-13; Reyes 22: 19-23, 2 Crónicas 18: 18-22, Nehemías 6:14).

32

FUNCIONAMIENTO EN LA PRECISIÓN PROFÉTICA

Al igual que un francotirador militar opera, un profeta debe permanecer en el lugar secreto, ser preciso, ser capaz de identificar al enemigo y disparar a larga distancia. Operar con precisión profética minimiza el fuego amistoso y es un requisito para un profeta hábil y maduro.

1 Reyes Capítulos 13: 1-25 son un esbozo de precisión profética. Bethel, que significa "la casa de Dios", era el lugar de descanso de los altares construidos por Abraham (Génesis 7: 8) y Jacob (Génesis 28:18). En la división de los reinos, Betel fue conocido, bajo la dirección de Jeroboam, por su corrupto sacerdocio. Se localizaba aproximadamente a diez millas al norte de Judá, la capital de Jerusalén. Los siguientes elementos son las claves de la precisión profética.

La Víspera de la Voz del Espíritu Santo

Al oír la palabra del Señor, un profeta sin nombre vino a Betel. Entró en el templo cuando Jeroboam estaba llevando a cabo sus deberes sacerdotales ofreciendo incienso. El hombre de Dios no dio señales de resistencia o vacilación a las directrices de Dios. I Reyes 13: 1 dice, *"Y he aquí un varón de Dios se fue de Judá a Betel por palabra de Jehová, y Jeroboam estaba junto al altar para quemar incienso."*

El Profeta Habla la Palabra como Dada y como Dirigida

El hombre de Dios no se dirigió a Jeroboam. Sus instrucciones del Señor eran para hablar directamente al altar e hizo como se le ordenó.

Entonces clamó contra el altar por la palabra de Jehová, y dijo: ¡Oh altar, altar! Así dice el SEÑOR: He aquí un niño, llamado Josías por su nombre, nacerá en

VIDA PROFÉTICA PRÁCTICA

la casa de David; Y sacrificará sobre vosotros los sacerdotes de los altos que queman incienso sobre vosotros, y los huesos de los hombres serán quemados sobre vosotros".

El Profeta Entiende El Momento Profético

La palabra del Señor es específica del tiempo profético. El profeta vino, y habló. Cuando Dios no está hablando, el profeta calla (I Reyes 13: 1). Cuando Dios está hablando, el profeta abre su boca en negrita declaración. Todo lo que oyes o ves no debe ser declarado en ese momento. Es importante que el profeta maduro busque a Dios por tiempo. Una palabra pronunciada fuera de temporada puede traer más daño que bien, especialmente si el Espíritu Santo aún no ha tratado con esa persona. Proverbios 25:11, 12 dice, *"Una palabra bien hablada es como manzanas de oro en entramados de plata. Como un pendiente de oro y un adorno de oro fino es un refuker sabio a un oído obediente."* Como se mencionó en capítulos anteriores, los profetas del Nuevo Testamento a menudo confirman lo que el Espíritu Santo ya ha hablado a alguien. El Espíritu Santo me habló y dijo: "No puedes cambiar a una persona si él no ha escuchado mi voz". Los profetas verdaderos traen entendimiento y enseñan; No hipnotizan ni confunden.

El Profeta entiende la diferencia entre la autoridad espiritual y natural

Jeroboam era obviamente el rey, pero, por el momento, el profeta anuló su autoridad natural. Hay momentos en que Dios quiere que Su profeta hable a la gente en autoridad, aunque no tenga una posición.

He tenido muchos encuentros cuando Dios usó mi relación con un líder para traer corrección. La advertencia es que esta corrección debe ser hecha desde una posición de respeto y honor porque debemos obedecer a aquellos que nos gobiernan. Romanos 13: 1 (NVI), *"Todo el mundo debe someterse a las autoridades. Porque toda autoridad viene de Dios, y los que están en posiciones de autoridad han sido puestos allí por Dios".* La otra advertencia a considerar es que Dios siempre está de acuerdo con el orden divino y sus planes tienen prioridad sobre los planes de los hombres.

VIDA PROFÉTICA PRÁCTICA

La unción profética siempre enfrentará la falsa adoración

La unción profética abroga los sistemas de adoración falsa y la idolatría. En Juan 4:23, el profeta Jesús confrontó a la mujer en el pozo con respecto a su teología de la adoración. Él le declaró, *"Pero la hora viene, y ahora es, cuando los verdaderos adoradores adorarán al Padre en espíritu y en verdad; Porque el Padre está buscando a tales para adorarle."*
1 Reyes 12: 32-33 documenta la elaborada estructura de adoración que Jeroboam había instituido.

> *Jeroboam ordenó una fiesta a los quince días del mes octavo, como la fiesta que estaba en Judá, y ofreció sacrificios en el altar. Así que lo hizo en Betel, sacrificando a los terneros que había hecho. Y en Bet-el instaló a los sacerdotes de los lugares altos que había hecho. Así hizo ofrendas sobre el altar que había hecho en Betel el día quince del mes octavo, en el mes que había ideado en su propio corazón. Y ordenó una fiesta para los hijos de Israel, y ofreció sacrificios sobre el altar y quemó incienso.*

Curiosamente, en 1 Reyes 13: 2-9, Dios no habló directamente al pecado de Jeroboam en ese momento, sino que habló directamente al objeto de Su afecto. Maldijo el altar, que representaba todo el sistema de adoración.

El Profeta entiende que Dios siempre tiene un plan

Aun cuando los sistemas de esta nación declinan y la sociedad evita al Dios verdadero y vivo, Él siempre tiene un plan. La devoción y la adoración falsa han sido parte del sistema mundial durante el tiempo que ha existido. Un profeta de Dios nunca puede ser desalentado por la condición de la sociedad. No puede permitir que su mensaje sea alterado por la clara mayoría porque el plan de redención de Dios está siempre en movimiento. Como Jeroboam estaba ofreciendo sus sacrificios en el altar, Dios ya estaba un paso por delante del rey. La providencia y la presciencia de Dios estaban estableciendo Su voluntad y futuro linaje. El hombre de Dios comenzó a declarar en 1 Reyes 13: 2, *"He aquí, un niño, Josías por su nombre, nacerá a la casa de*

VIDA PROFÉTICA PRÁCTICA

David; Y sobre ti sacrificará los sacerdotes de los altos que queman incienso sobre ti, y los huesos de los hombres serán quemados en ti."

El profeta sabe que Dios siempre confirmará su palabra

El hombre de Dios declaró que Dios confirmaría su palabra con un signo. Justo después de haber declarado la palabra, el altar se partió en dos; Las cenizas derramadas en el suelo. Si estamos declarando la palabra del Señor, el Espíritu Santo siempre confirmará Su palabra. Marcos 16:20 dice, *"Y salieron y predicaron en todas partes, el Señor trabajando con ellos y confirmando la palabra a través de las señales que lo acompañaban. Amén."* La palabra "ellos" en el texto original está en cursiva, lo que significa que la palabra fue añadida por los traductores para traer claridad. Por lo tanto, eliminar la palabra "ellos" confirma que Dios no trabajó con los discípulos; Él trabajó con Su palabra.

El Profeta debe operar en amor

Jeroboam se enojó ante el hombre de la audaz declaración de Dios y lo buscó arrestado. Cuando Jeroboam extendió su mano hacia el profeta, se secó de inmediato. Pero de las entrañas de la misericordia de Dios y de la súplica de Jeroboam, su mano fue restaurada a la normalidad por la palabra del hombre de Dios. Independientemente del peso de nuestro mensaje, tenemos la obligación moral de orar por las personas. Los resultados y los resultados dependen de Dios, no de nosotros.

El Profeta Entiende La Divina Protección De Dios

El intento de Jeroboam de dañar al profeta fue inútil. Dios rápidamente intervino y lo frustró porque Dios siempre protegerá a Sus profetas. Una de las tácticas más mortíferas del enemigo para usar contra un profeta es el miedo. Después de la mayor victoria de Elías, huyó aterrorizado de la amenaza de Jezabel.

VIDA PROFÉTICA PRÁCTICA

1 Reyes 19: 1-3, *Y Acab le contó a Jezabel todo lo que Elías había hecho, y también cómo había ejecutado con espada a todos los profetas. Entonces Jezabel envió un mensajero a Elías, diciendo: "Así que los dioses hagan conmigo, y más aún, si no hago tu vida como la vida de uno de ellos mañana a estas horas". Y cuando vio eso, Se levantó y corrió por su vida, y fue a Beerseba, que pertenece a Judá, y dejó allí a su siervo.*

1 Reyes 13: 4 ejemplifica la protección divina de Dios sobre Su mensajero. Mientras Jeroboam extendía su mano para aprehender al profeta, Dios intervino de manera concluyente.

El Profeta Obedece las Divinas Instrucciones de Dios

Esto se discute en profundidad en un capítulo anterior, pero quiero reforzar este principio en el presente capítulo. Los profetas de Dios no pueden ser comprados. Después de que su mano había sido sanada, Jeroboam extendió una invitación al hombre de Dios. "Entonces el rey le dijo al hombre de Dios:" Vuélvase a casa conmigo y refresque usted mismo, y yo le daré una recompensa " Sin embargo, el hombre de Dios respondió audazmente al rey:

Si me dieses la mitad de tu casa, no entraría contigo; Ni comería pan ni bebería agua en este lugar. Porque así me fue mandado por palabra de Jehová, diciendo: No comerás pan, ni beberás agua, ni volverás por el camino que has venido "(1 Reyes 13: 8-9).

El ministerio del profeta debe ser mucho más importante que lo que podemos adquirir. No me opongo a los honorarios, y creo que están en orden, pero si Dios te ordena que ministre sin compensación, entonces Él tiene la última palabra.

Guárdese después de una victoria

Dios ordenó al hombre de Dios que no comiera ni bebiera con nadie (1 Reyes 13: 9). Los sentidos de un profeta pueden ser ligeramente alterados debido a la cantidad de fortaleza espiritual y energía física que se necesita para trabajar proféticamente. A pesar de esto, Dios no se apartará de Sus instrucciones a Su profeta. El hombre de Dios obedeció a la primera solicitud, pero ignoró la segunda. Después que él se paró contra Jeroboam, los hijos del viejo profeta lo persiguieron. El enemigo es implacable y te perseguirá desde todos los ángulos.

Cuidado con los falsos profetas

Después que los hijos del viejo profeta persiguieron al hombre de Dios e identificaron su paradero, el viejo profeta se le acercó y procedió a decirle una mentira engañada: *"Yo también soy un profeta como vosotros, y un ángel me habló por palabra de Jehová, diciendo: 'Tráiganlo con vosotros a vuestra casa, para que coma pan y beba agua'"* (1 Reyes 13:18).

Inicialmente, hay una delimitación drástica entre las frases "hombre de Dios" y "Yo soy un profeta". El hombre de Dios ni anunció su llegada ni confirmó sus credenciales. Como profeta de Dios, la autoproclamación es innecesaria. La Biblia dice que Samuel era conocido de Dan a Beerseba, sin los auspicios de Internet, la televisión o la radio. Mateo 7:22 dice, *"Muchos me dirán en aquel día: Señor, Señor, ¿no hemos profetizado en tu nombre, echado fuera demonios en tu nombre, y hecho muchas maravillas en tu nombre?"*

Es muy común que un profeta se desplome en desánimo y depresión después de una asignación. Ahora sabemos que el ministerio profético puede estar solo, y más que probable, el hombre de Dios fue enviado a una región donde era desconocido. El hecho de que el viejo profeta reconociera su llamado y ofreciera un sentido de camaradería podría ser la razón por la cual el hombre de Dios se dejó engañar por esta invitación.

Además, el viejo profeta declaró que un ángel le había hablado y no a Dios mismo. Dios sabe cómo comunicarse claramente con Sus siervos. Pablo escribió en Gálatas 1: 8, *"Pero aun si nosotros, o un ángel del cielo, os predicamos otro evangelio que lo que os hemos predicado, sea anatema."*

No está claro por qué el viejo profeta estaba interesado en este joven, y no siempre estará claro por qué la gente está interesada en ti. Muchas veces, los celos y la envidia están en la raíz. El viejo profeta ya estaba presente en Betel, pero Dios tuvo que enviar a alguien de Judá para que hiciera el trabajo. Probablemente, este profeta había aceptado el orden social del día y no se oponía al sistema de adoración establecido. Probablemente se preguntó por qué Dios había usado al hombre de Dios en lugar de él.

Dios juzgará a sus profetas

El juicio de Dios prevalece cuando se trata de sus profetas. El hombre de Dios perdió la vida por desobedecer a Dios. El viejo profeta no fue corregido. El Espíritu del Señor aprehendió al viejo profeta y profetizó al hombre de la muerte de Dios. Dios usó un improbable vaso para corregir al hombre de Dios; Utilizará a quien elija.

"Pero tú volviste, comiste pan y bebiste agua en el lugar que Jehová te había dicho: No comas pan ni beba agua; vuestro cadáver no vendrá al sepulcro de vuestros padres. Así que, después de haber comido pan y después de haber bebido, ensilló el asno para él, el profeta que había traído de vuelta. Cuando él se fue, un león lo encontró en el camino y lo mató. Y su cadáver fue echado en el camino, y el burro se quedó junto a él. El león también estaba junto al cadáver (1 Reyes 13:22).

VIDA PROFÉTICA PRÁCTICA

33

ESTABLECIENDO UN MINISTERIO PROFÉTICO

Todos los ministerios requieren estructura, y el establecimiento de cualquier ministerio requiere de trabajadores capacitados y un líder cualificado. Nunca debemos estar en la práctica de contratar gente simplemente porque dicen que son cristianos. El analizar sus vidas, sus tareas pasadas del ministerio y su salud espiritual es una necesidad. En el ministerio profético, creo que es crítico capacitar adecuadamente a aquellos que servirán en cualquier capacidad en su ministerio. Nunca contrate a la gente porque está desesperado o porque tiene regalos. Prefiero hacer el trabajo por mí mismo que contratar a la persona equivocada.

Puesto que parte de la personalidad profética está conectada para arreglar cosas muertas y rotas, es importante que evites contratar proyectos ministeriales. Un proyecto del ministerio es un individuo que puede ser experto pero que no está sanado. Tomarán más de lo que jamás darán, y usarán el ministerio para darles alivio en lugar de avanzar el reino de Dios. Usted pasará más tiempo ministrando a ellos que usted les dará la responsabilidad.

La autora, la Dra. Paula Price, dice: "Cuidado con las personas que vienen en más de servir y más de dar. Generalmente son aquellos cuyos motivos no son puros. "Ella dijo que cuando los reconozcas, el daño ya está hecho.

Un Pastor dio cuenta de la contratación de una mujer que era muy dotada y muy conocida en su región. Dijo que su único error no era verificar su última asignación ministerial. Hizo más daño a su ministerio de lo que ellos esperaban; En el momento en que lo reconocieron, era demasiado tarde.

Otro aspecto de la construcción de una estructura de ministerio sólida es tener la capacidad de delegar. Si usted es una persona de excelencia, la delegación puede ser difícil para usted. Es como dar a su bebé a un extraño. Cuando escoges a las personas adecuadas, Dios las gracias con la habilidad de hacer las cosas, y tu espíritu estará sobre ellas.

Moisés fue un fiel servidor y sirvió diligentemente al pueblo de Dios. Él les dio consejos piadosos, les ayudó a resolver sus problemas difíciles y les enseñó la palabra del Señor. Éxodo 18:14 dice que se pararon delante de Moisés desde la mañana hasta la tarde. Jetro, suegro de Moisés, corrigió a Moisés y le ordenó que delegara sus deberes para que él pudiera soportar. Cuando no ejercemos nuestra capacidad de delegar, podemos desgastarnos y disminuir la longevidad de nuestro ministerio.

Además, escogerás entre todo el pueblo hombres capaces, como el temor de Dios, los hombres de verdad, odiando la codicia; Y colocarlos sobre ellos para que sean gobernantes de millares, gobernantes de centenas, gobernantes de cincuenta y gobernantes de diez. Y juzguen a la gente en todo momento. Entonces será que cada gran asunto os traerá, pero cada pequeño asunto ellos mismos juzgarán. Por lo tanto, será más fácil para usted, porque van a llevar la carga con usted (Éxodo 18:21, 22).

34

SUEÑOS Y VISIONES PROFÉTICAS

La Biblia confirma que Dios nos habla en sueños. Saúl preguntó al Señor, porque el ejército filisteo le dio miedo en el corazón, ¡y necesitaba una estrategia de batalla rápida! Los registros de pasaje, *"Cuando Saúl vio el ejército de los filisteos, tuvo miedo, y su corazón tembló mucho. Y cuando Saúl consultó al SEÑOR, el SEÑOR no le respondió, ni por sueños, ni por Urim"* (1 Samuel 28:5, 6).

También aprendimos en un capítulo anterior que son uno de los encuentros iniciales de un profeta con Dios basado en Números 12: 6, que dice, *"Escucha ahora mis palabras: Si hay un profeta entre vosotros, yo, el SEÑOR, me hago conocer en visión; Le hablo en un sueño."* Los sueños y visiones son las lenguas del espíritu y se dan para diferentes propósitos. Sueños a menudo requieren interpretación, pero en algunos relatos, puede ser literal. Un sueño ocurre mientras usted está en un estado de sueño o inconsciente, y una visión ocurre mientras está despierto. A menudo, los sueños sirven como advertencias e instrucciones divinas, ya sea para un individuo o un grupo de personas.

Por ejemplo, en una de mis conferencias, estaba orando por una mujer que tuvo un sueño que su madre murió en un accidente de coche. Lamentablemente, la madre de esa mujer murió exactamente como lo vio en su sueño. Este cumplimiento de su sueño fue muy doloroso tanto espiritual como emocionalmente para la joven. Llevaba el dolor, el dolor y la culpa por años.

Creo que, si alguien hubiera estado disponible para proporcionar una dirección profética, habría sido capaz de procesar la situación más fácilmente. No estoy diciendo que hubiera podido evitar lo que pasó, pero con orientación profética, tal vez, ella podría haber tenido algún sentido del evento. Tal vez, ella habría estado mejor preparada para lidiar con la trágica pérdida de su madre.

A veces, Dios revela eventos que no tenemos la capacidad de cambiar, pero Él nos está dando tiempo para hacer los preparativos naturales, espirituales y emocionales necesarios para enfrentar esas situaciones. El profeta Agabus (Hechos 21:11) declaró el propio destino de Pablo a él, y Pablo no pudo hacer nada para detener los sucesos subsiguientes. En otras ocasiones, tenemos la autoridad para orar y alterar el resultado.

Los sueños y visiones no son meras comunicaciones al azar y para el profeta, son vívidos, brillantes y grabados en el espíritu. El destino de Juan el Bautista fue alterado por su padre que tenía una visión.

> *Pero he aquí, serás mudo y no podrás hablar hasta el día en que sucedan estas cosas, porque no creíste mis palabras que se cumplirán en su tiempo. "Y el pueblo esperó a Zacarías, y se maravilló de que se demorara tanto Largo en el templo. Pero cuando salió, no pudo hablar con ellos; Y percibieron que había visto una visión en el templo, porque les hizo señas y se quedaron sin palabras* (Lucas 1:20-22),

La vida de Jesús fue preservada por un sueño, que se narra en Mateo 2:22 y 23. Dios advirtió al padre terrenal de Jesús, José, en un sueño de no ir a Judea, sino a Nazaret, *"Y siendo advertido por Dios en un sueño, se volvió hacia la región de Galilea"* (v. 22).

Pablo recibió instrucciones del ministerio en una visión. Hechos 16: 9, *"Y una visión apareció a Pablo en la noche. Un hombre de Macedonia se levantó y le rogó, diciendo: "Ven a Macedonia y ayúdanos."*

Estos relatos bíblicos nos dicen simplemente que los sueños y las visiones son modos específicos de comunicación que requieren la validación a través de las Escrituras. Si tus sueños te están mostrando cosas que violan la Palabra de Dios entonces lo más probable, hay algún elemento de intrusión demoníaca.

Los sueños de influencia demoníaca son muy inconexos y paralizantes. Son el catalizador de las pesadillas, los temblores nocturnos y la histeria del sueño. Cuando mi hija estaba asistiendo a la universidad en la Universidad Oral Robert, ella comenzó a experimentar episodios de parálisis del sueño - estar en un estado semi-consciente pero incapaz de moverse. Mientras ella estaba en estos estados, al parecer oyó voces; Animales y ruidos extraños y demoníacos. Al declarar la sangre de Jesús sobre su vida, estos episodios cesarán.

VIDA PROFÉTICA PRÁCTICA

Creo que lo que mi hija encontró fueron períodos de asaltos demoníacos como una persona es la más vulnerable mientras dormía. Desde que ha estado en casa, estos episodios han disminuido. He hablado con muchos profetas que han compartido las mismas experiencias. Si Dios usa sueños y visiones como un modo de comunicación, el enemigo también intentará cortocircuitar y obstruir las sinapsis de una persona.

Sueño bastante a menudo, pero como he conseguido más viejo, y más disciplinado en oír el alcohol, han disminuido. Sin embargo, durante épocas de guerra espiritual pesada, aumentan. Algunos profetas sueñan poco; Algunos ven visiones más de lo que sueñan. El lenguaje del espíritu puede variar y se basa en el individuo. Por esta sola razón, es importante entender cómo Dios le habla. Hago un punto de journaling mis sueños como he encontrado la revelación de ellos se revela progresivamente. Yo personalmente he recibido instrucciones clave, que alteran la vida y la información a través de los sueños.

Grabar sus sueños para que la información no se pierda en la traducción es importante. Luego busquen la guía del Espíritu Santo para la interpretación. A menudo, la interpretación no es inmediata, pero puede requerir un poco más de tiempo concentrado con el Espíritu Santo para la claridad. En pocas ocasiones, he tardado años en entender completamente algunos de los mensajes que Dios me ha hablado en sueños y visiones. Incluso con los años, puedo recordar casi cada detalle; Permanecen tan vivos como lo fueron el día que los tuve. Un profeta debe tomar en serio sus sueños y visiones.

Aunque sueños y visiones son una de las principales maneras en que Dios habla a sus profetas, Él no se limita a hablar al hombre de esta manera. *"Porque Dios puede hablar de una manera o de otra, en un sueño, en una visión de la noche, cuando el sueño profundo cae sobre los hombres, mientras dormita en sus camas"* (Job 33: 14-15). Además, debido a que una persona tiene sueños y visiones, no necesariamente indica que es un profeta. He descubierto que lo que separa los mensajes divinos de los sueños y visiones normales son los frecuentes encuentros espirituales de un profeta y el recuerdo significativo de los detalles.

VIDA PROFÉTICA PRÁCTICA

Quiero reiterar que los sueños y las visiones de un profeta son significativos y son una parte importante de su misión. Amós 3: 7 (NVI) dice, *"Ciertamente el Señor Soberano no hace nada sin revelar su plan a sus siervos los profetas."*

SEGUNDA PARTE

CURANDO LAS HERIDAS

"Entonces, Moisés hizo como el Señor le había mandado. Y la congregación estaba reunida a la puerta del tabernáculo de reunión. Y Moisés dijo a la congregación: "Esto es lo que el Señor mandó que se hiciese." Entonces Moisés trajo a Aarón y a sus hijos y los lavó con agua" (Levítico 8: 4-6).

35

EL PRINCIPIO DE LAS HERIDAS

Mi opinión profesional es que un profeta necesita caminar en un nivel sin precedentes de curación más que cualquier otra función en la Biblia. El ministerio del profeta tiende a ser muy dinámico y tiene la capacidad de atraer rápidamente a la gente como ninguna otra función ministerial. La iglesia profética en la que fui entrenado creció de unos pocos cientos de personas a más de 10.000 en poco menos de 3 años. El ministerio era dinámico, y las vidas de la gente fueron significativamente alteradas por el Espíritu Santo dispensando Su ministerio a través del profeta.

En el lado opuesto de la moneda, si el profeta no está sanado, un daño tremendo puede efectuarse en un gran grupo de personas. Por lo tanto, entender el "principio de la herida" es crítico porque un profeta herido que monta el púlpito es bastante peligroso.

Un profeta herido tiende a codiciar la adoración y la atención que recibe de los hombres, y desafortunadamente, tiene que manipular a la gente para mantenerla. Los profetas heridos tienen tanto miedo de perder su notoriedad que a menudo rechazan la corrección.

Cuando gane impulso en el ministerio, tenga presente que la sanidad en un área de su vida no constituye curación en cada área de su vida. Reconocer que cada herida debe ser abordada individualmente.

El principio de la herida afirma que las cicatrices te califican y las heridas te descalifican. Las cicatrices son sitios de curación, mientras que las heridas abiertas tienen la propensión a ser focos de infección. Las heridas espirituales pueden ser comparadas con heridas naturales en el sentido de que aquellas heridas que no se tratan son siempre susceptibles a la infección, que puede propagarse y causar daño al tejido circundante.

No importa la fuente de la herida, si no se identifica y controla, la oportunidad está ahí para herir a los que nos rodean.

CURANDO LAS HERIDAS

Las heridas pueden tomar varios meses para sanar, así que sea paciente con Dios y con usted mismo. Médicamente, la última etapa de curación puede tomar hasta dos años. Si usted ha estado lidiando con el rechazo desde que tenía cinco años de edad, el dolor no desaparecerá durante la noche. Si continúas siguiendo las instrucciones de los que están en tu círculo de liderazgo y las instrucciones del Espíritu Santo, pronto, tu herida ya no administrará tu vida. Gradualmente adquirirás las habilidades y las herramientas para manejarlo, en vez de usar el ministerio para llenar el vacío.

Una de las acciones más dañinas que puedes tomar mientras sanas es suprimir tus emociones para que no tengas que sentir el dolor. Al leer este libro, el Espíritu Santo (Juan 14:26) le está otorgando la fuerza y la comodidad que necesita. A pesar de que usted puede hacer frente a algunos problemas para toda la vida, la meta es para que usted controle la debilidad; La debilidad ya no te controlará.

Pablo el apóstol recibió una espina en su carne que Dios se negó a quitar. Sin embargo, la gracia de Dios fue suficiente para que Pablo pudiera manejar eficazmente ese asunto y no permitir que entorpezca su ministerio (2 Corintios 12: 8, 9). ¡Tan implacable como el enemigo es pervertir y estropear su imagen, sea tan implacable con tomar la imagen de Cristo!

Reconocer y poseer una debilidad puede ser muy difícil. Como profeta de Dios, tu vista debe ser de largo alcance en el sentido de que debes estar más preocupado por el cuerpo de Cristo que por tu reputación. Naamán, un guerrero muy respetado y venerado, era el comandante del ejército del rey Aram. A través del mandato de Naamán, el Señor le dio a Aram la victoria, pero había un problema: Naamán era un leproso; Fue herido.

En días bíblicos, la lepra o la enfermedad de Hansen, que será discutida en un capítulo posterior en profundidad, se consideró una enfermedad altamente contagiosa y debilitante, que devastó y desfiguró a sus víctimas. Cuando se enfrentó a su oportunidad de sanidad, Naamán respondió con un espíritu de orgullo, desobediencia e ira (2 Reyes 5: 9-11). Se ofendió por las instrucciones del profeta. La directiva de Dios no depende de la comodidad o disponibilidad de una persona sino de Su soberanía y la obediencia del hombre.

En ese momento en su vida, Naamán estaba avanzando y experimentando un gran éxito y sintió que la palabra del Señor acerca de su curación era demasiado onerosa. Se sentía como si el profeta Eliseo hubiera tomado un atajo para salvarle el problema. De esta historia, una persona debe aprender a aceptar que la obediencia y la humildad son los catalizadores de la curación total. Naamán fue instruido por el profeta a lavar sólo en el Jordán ya mojar siete veces. Nada más habría producido los resultados deseados de Dios.

La intención original de algunos hombres y mujeres de Dios no es dañar el cuerpo de Cristo; Su principal problema no es el engaño sino la ignorancia sobre la estrategia del enemigo. Reconocer el hecho de que el enemigo es muy paciente; Él le permitirá avanzar mientras planea estratégicamente un ataque a un área de debilidad. Sean alentados a que una vez que identifiques estas áreas, Dios tomará tu causa según Filipenses 1: 6 (NVI), *"Confiando en esto, el que comenzó una buena obra en ti, la llevará hasta el fin hasta el día de Cristo Jesús."* Las heridas del rechazo, la vergüenza, el abuso, la negligencia, la adicción, la fornicación, el adulterio, el abandono, la pornografía, la amargura, la falta de perdón y el miedo están consumiendo lentamente la fibra moral de los profetas y obstaculizando la efectividad del cuerpo.

Una de las principales formas de propagación de la infección es la ingestión de alimentos o agua contaminada. Es alucinante e imprudente pensar que lo que se hace fuera del púlpito no tiene nada que ver con lo que se disemina e insemina en el pueblo de Dios. Una *pandemia es* "Una epidemia de enfermedades infecciosas en una vasta zona geográfica". La pandemia espiritual de la iglesia es virtualmente ignorada por las masas porque están tan fuertemente intoxicadas por los profetas que están infectados e impotentes.

Estos profetas heridos están ahora atrapados en un ciclo perpetuo que es difícil de escapar y el miedo de perderlo todo es paralizante. Jesús dijo, *"¿De qué sirve que alguien gane el mundo entero, pero pierde su alma?"* (Mateo 8:36, NVI). Lamentablemente, algunos albergan a estos fugitivos espirituales, sosteniendo la propagación de enfermedades infecciosas, lo que evidencia que la iglesia se está pudriendo hasta el núcleo. Un principio bíblico es restaurar a los líderes caídos, pero esa restauración depende fuertemente de la naturaleza del pecado, la frecuencia del pecado y la disposición del individuo a cambiar y obtener ayuda. Hebreos 6: 4 (ISV) estados, *"Porque es imposible seguir restaurando al arrepentimiento una y otra vez personas que alguna vez fueron iluminadas, que han probado el don celestial, que se han asociado con el Espíritu Santo."*

En mi experiencia, la rapidez en la que una persona se cura está directamente relacionada con cuánto ama personalmente a Dios aparte del ministerio. Muchos aman a Dios por lo que Él puede hacer y ha hecho en lugar de por lo que Él es. Moisés se negó a dar un paso más, a menos que Dios fuera con él. Moisés le dijo a Dios, *"Si Tu Presencia no va con nosotros, no nos traigas de aquí"* (Éxodo 33:15).

Si la reinstalación es una opción, la terapia rigurosa y exhaustiva y el cuidado restaurativo son imprescindibles. Una herida puede dejar de sangrar en unos días, pero eso no significa que la lesión se cure en el interior. Incluso teniendo en cuenta todo el cuidado humano, la restauración del ministerio depende únicamente de la soberanía de Dios. David fue restaurado como un hombre según el corazón de Dios; Eli y todo su linaje fueron cortados. Sólo Dios conoce la condición del corazón y la verdadera naturaleza del pecado. Sólo restaura porque tiene un plan tras generacional más trascendente.

Los líderes proféticos deben esforzarse diligentemente por caminar en la similitud de Cristo y ser ejemplos. La razón principal por la cual Jesús fue tan poderoso en esta tierra es porque el Dios de este mundo no pudo encontrar nada reprehensible en Él (Juan 14:30). ¡Detener la hemorragia es crucial para esta hora! Los profetas enteros y completos que no desean otra cosa que las cosas de Dios, no la fama, ni la fortuna, ni la influencia, ni el poder, ni el dinero, ni la codicia de una novia que no es suya deben ser producidos. Ellos son impulsados por una pasión consumidora: Cristo y Su misión solo.

Nuestros corazones deben sangrar y nuestros espíritus deben ser apasionados con la intercesión por las personas inocentes que sin saberlo se ven atrapados en el fuego cruzado. Ciertamente, no toda la responsabilidad recae sobre el profeta porque individualmente, cada persona es responsable de su propio andar y crecimiento espiritual. Pero Dios dijo en Jeremías 3:15 (NVI), *"Entonces os daré pastores según mi corazón, que os alimentarán con conocimiento y entendimiento."* Por lo tanto, es un principio espiritual que ponemos nuestra confianza en el designado hombre o mujer de Dios. Pero debido a la rapidez con que los ministerios se están deteriorando, el pueblo de Dios está cada vez más desilusionado. La reacción inicial a un profeta es la sospecha y el escepticismo, asumiendo que es falsificado en lugar de auténtico.

Una de las responsabilidades más ignoradas de un profeta es la intercesión. Los profetas son ministros del interior y una corriente subterránea que tiene el poder y la autoridad para cambiar la marea. Los profetas cubren y protegen a la iglesia y comandan la intervención angélica en su nombre. Dios habló a Ezequiel y dijo, *"Y busqué entre ellos a un hombre que hiciese el cerco, y estuviera en la brecha delante de mí por la tierra, para no destruirla; pero no la encontré"* (Ezequiel 22:30, RV).

Esta parte de la asignación no es una posición de alto perfil. En muchas asignaciones, algunos nunca sabrán el nombre de un profeta, ni siquiera sabrán que ese individuo estaba sentado entre ellos, pero el impacto que tiene no será disminuido. Creo que el profeta vive más de su vida en la "cueva" y sólo sale a reportarse para el deber. Debe negarse a ser atrapado en el sensacionalismo.

Profeta, te ordeno que este día sane. Hay una posición en el organigrama del reino que está vacía y vacante porque no está en su puesto. Un pastor contó la historia de un hombre que deseaba la liberación, la totalidad y la libertad del pecado, pero era un leproso. Este hombre estaba atado por la adicción a las drogas durante muchos años. Estaría limpio durante meses y luego volvería a caer en el patrón de la adicción. El pecado en un ciclo

CURANDO LAS HERIDAS

no es liberación. Cuando el hombre vino al pastor pidiendo ayuda, le preguntó: "¿Cuándo seré libre?"

El pastor respondió: "Cuando tu deseo de ser entregado es mayor que tu deseo de ponerte alto".

Profeta, usted es la propiedad de y bajo el empleo de Jesús. Pablo escribió en Gálatas 5:24 (NVI), *"Los que pertenecen a Cristo Jesús han clavado las pasiones y deseos de su naturaleza pecaminosa a su cruz y crucificado allí."* Deje que la cirugía comience.

36

ABANDONADO

Josh McDowell dijo que su padre le dijo: "Un problema bien definido está medio resuelto". En este capítulo, aprenderemos y entenderemos cómo el rechazo de semillas profundas puede entrar en la vida de un profeta. Este tipo de rechazo puede abrir la puerta al trauma mental y emocional severo. También puede ser el ancla en la que el enemigo puede atormentar legalmente a un profeta. Además, este tipo de rechazo va mucho más allá del rechazo que Dios usa para entrenar a un profeta para el ministerio.

Las heridas de un padre ausente son indudablemente el principal autor del abandono. Cuando un padre está ausente, hace que sea difícil para una persona interactuar con Dios. Como cristianos, estamos amonestados en las Escrituras a recibir a Dios como nuestro Padre, lo cual puede ser extremadamente problemático en estas situaciones. Si nuestros padres naturales estuvieran física o emocionalmente ausentes o abusivos, la percepción de un padre es sesgada.

El abandono viola la promesa del Reino del hombre. Romanos 8:15 dice, *"Porque no habéis recibido el espíritu de esclavitud otra vez para temer, sino que recibisteis el Espíritu de adopción por quien clamamos,* ***'Abba, Padre.'****"* El término Abba implica una relación dependiente y profundamente cariñosa. Además, Él garantizó en Su Palabra que Él sería un Padre para aquellos que no tenían padres y un defensor de las viudas (Salmo 68: 5). Él dijo en Efesios 1: 5 y 6:

"Habiéndonos predestinado a ser adoptados como hijos por Jesucristo a Sí Mismo, según el beneplácito de Su voluntad, a la alabanza de la gloria de Su gracia, por la cual Él nos hizo aceptar en el Amado."

Al entrenar y sanar a los profetas, uno de los ejercicios que uso es que una persona visualice a Dios como su padre para ayudar a cultivar una relación padre-hijo. Después de una de esas sesiones, una joven me dijo: "Sólo puedo ver a Dios como molestador porque eso es todo lo que sé". Para mí, Dios era todo menos un proveedor. Yo creía, rezaba y confesaba las Escrituras, pero nunca esperaba que mis necesidades fueran satisfechas. Esto es porque nunca esperé algo de mi padre natural. Josh McDowell dijo: "Proyectamos la imagen de nuestro padre terrenal sobre nuestro padre celestial".

La raíz de los problemas de abandono se produce cuando la persona que es responsable de las necesidades emocionales de otra persona renuncia a su responsabilidad o no proporciona lo que sus dependientes necesitan. El abandono en pleno funcionamiento produce sentimientos de profundo rechazo, pérdida, dolor, falta de valor, ira y miedo. De los temas de abandono, *Psicología de Hoy* informa lo siguiente sobre los temas de abandono:

> Las experiencias de abandono y las violaciones de límites no son en modo alguno acusaciones de la bondad innata de un niño y su valor. En su lugar, revelan el pensamiento erróneo, las creencias falsas y los comportamientos dañados de aquellos que los hacen daño. Sin embargo, las heridas son golpeadas profundamente en sus corazones y mentes jóvenes, y el dolor muy real todavía se puede sentir hoy. Las causas de la lesión emocional necesitan ser entendidas y aceptadas para que puedan sanar. Hasta que eso ocurra, el dolor se quedará con ellos, convirtiéndose en una fuerza impulsora en su vida adulta.[13]

El abuso también puede ser un portal para el abandono, ya que el abusador está emocionalmente ausente y está utilizando a su víctima para satisfacer sus necesidades emocionales, físicas o psicológicas. El abuso puede ser espiritual, físico, verbal o sexual. El abuso espiritual ocurre cuando una persona usa la palabra de Dios para imponer inapropiadamente castigo, lealtad o control que crea una cultura de vergüenza, miedo y hará que una persona sea susceptible a los sentimientos de condenación (Romanos 8: 1). Además, cuando una persona es abusada espiritualmente toda su existencia está envuelta por el temor de ofender a Dios.

CURANDO LAS HERIDAS

El abuso sexual en sus formas más severas incluye, coito, molestia, violación, sadismo o cópula oral forzada. Es importante señalar que la molestia no siempre constituye el coito. El abuso también ocurre cuando una persona toca a otro con intención sexual. Por último, el abuso verbal ocurre cuando una figura de autoridad constantemente disminuye o intenta destruir a quien una persona está internamente por el nombre de la llamada o la crítica indebida.

Una de mis amigas, que era enfermera pediátrica, me habló de un incidente en el que un bebé de tres meses entró en el hospital por Failure to Thrive. Failure to Thrive o (FTT) es un término médico que indica la incapacidad de un bebé para aumentar de peso o perder peso inapropiadamente. Después de varios exámenes, se descubrió que el estómago del bebé estaba lleno de semen. Mi corazón estaba absolutamente aplastado. El apóstol Ron Carpenter dijo: "El enemigo quiere yugo temprano." Es por eso que los problemas de la infancia más que probable que representan la mayor parte de las heridas emocionales y espirituales de una persona. Si Satanás puede yugo a una persona temprano en la vida, esa persona puede pasar la mayor parte de su vida tratando de sanar en lugar de perseguir el propósito.

37

TRAUMATIZADO

Dios no tiene placer en ver a Sus hijos heridos y Él no usa el dolor o la tragedia para enseñar a cualquiera de nosotros una lección. El pastor Creflo Dollar dijo: "Creemos que el cielo está tan en quiebra que Dios tiene que usar los instrumentos del infierno para enseñarnos una lección". La declaración, "el tiempo cura todas las heridas", simplemente no es verdad. De hecho, cuanto más tiempo se alarga, más debilitante se vuelve una persona y su capacidad para hacer frente al dolor disminuye. En lugar de sanar, la persona se vuelve cada vez más destructiva y auto-saboteadora. A menudo estas emociones enterradas pueden expresarse en enfermedades y dolencias físicas. Este comportamiento puede tener efectos catastróficos en el ministerio de un profeta.

No se puede insistir suficientemente en que los profetas deben caminar en niveles sin precedentes de sanación emocional. Un profeta herido puede agotar el grueso de su unción limpiando sus errores en lugar de avanzar el reino de Dios. La iglesia es consistente en enseñar cómo aprehender el destino y buscar la bendición, pero no enseña adecuadamente a sus miembros cómo procesar el dolor o tratar el trauma.

Al tratar con mi propio trauma emocional y disfunción me sometió a la tutoría de otro profeta durante casi doce meses. Hablamos todos los días durante horas. Su última exhortación para mí fue pronunciada con franqueza. "Si no te deshaces de tu cojera, todo el que te levantes tendrá la misma cojera". Evaluar tu brújula emocional es imperativo para dirigir un ministerio exitoso y duradero. Saber cómo usted reacciona a los acontecimientos traumáticos le ayudará a usted y al Espíritu Santo a producir una obra fructífera y construir un legado espiritual.

A veces las personas en el ministerio encuentran gran dificultad en comprender que sus problemas personales están afectando a las personas, si su unción está funcionando. Cuando usted ve, las vidas individuales cambian, usted puede llegar a ser casi inmune a sus propios problemas. Por ejemplo, si usted está en una iglesia donde el liderazgo lucha con orgullo, lo verá manifestándose en muchas áreas a lo largo de su ministerio. Y muchas veces, el líder no detecta el problema ni lo atribuye a su propia condición. Uno de los principios del liderazgo es la duplicación de lo que eres-no lo que predicas.

En una de las iglesias a la que fui asignado, trabajé muy de cerca con el pastor, pero cuanto más me acerqué, más me di cuenta de que algo estaba desesperadamente equivocado. El pastor estaba traumatizado. Un acontecimiento en su pasado sacudió sus emociones, fracturó su personalidad y distorsionó su percepción de sí mismo. Este trauma abrió la puerta a la ocupación demoníaca del territorio asignado. A medida que el ministerio comenzó a crecer, la fundación se convirtió en arena cambiante y todo exploto como los problemas del pastor comenzó a flotar a la superficie. Lamentablemente, este pastor ya no está en el ministerio. Esto es lo que cuando el trauma no es la dirección.

Según la Asociación Americana de Psicología,

> El trauma es una respuesta emocional a un evento terrible como un accidente, una violación o un desastre natural. Inmediatamente después del evento, el shock y la negación son típicos. Las reacciones a largo plazo incluyen emociones impredecibles, flashbacks, relaciones tensas e incluso síntomas físicos como dolores de cabeza o náuseas. Si bien estos sentimientos son normales, algunas personas tienen dificultades para seguir adelante con sus vidas…[14]

Cuando una persona está traumatizada, sus emociones están literalmente suspendidas en el tiempo. El cerebro de la persona protege a ese individuo bloqueando la memoria y es por eso que encuentras víctimas de trauma que simplemente no pueden recordar los detalles. Esa parte de la cinta aparentemente ha sido borrada. Mi madre una vez tuvo un colapso nervioso que afectó a mí ya mis hermanos. Simplemente no puedo recordar mucho de lo que sucedió alrededor de ese tiempo.

Debido al trauma, las personas desarrollan lo que los psicólogos llaman mecanismos de afrontamiento. Los mecanismos de afrontamiento son la respuesta de una persona al estrés interno o externo. Estos mecanismos pueden adoptar muchas formas y formas, pero el consenso de la comunidad psiquiátrica es el siguiente:

Introyección

Por definición, *Introyecto*[15] Es "incorporar inconscientemente (actitudes o ideas) a la personalidad de uno". Este mecanismo de supervivencia funciona bien si el padre o tutor se nutre, ama o apoya. Si no, tendrá efectos negativos en la identidad de una persona.

Goodtherapy.org dice: "Algunos profesionales de la salud mental creen que la introyección es una estrategia protectora que los niños emplean para hacer frente a los padres o tutores no disponibles."[16] Debido a este mecanismo de afrontamiento, el dolor puede volverse hacia adentro, que puede manifestarse en el cuerpo de una persona como la ansiedad, la depresión, la fatiga, la abnegación, las enfermedades crónicas, la adicción o los hábitos autodestructivos.

Proyección

Esta parte de los mecanismos de supervivencia conductual de una persona defiende a una persona del mundo exterior y le ayuda a librarse de sentimientos negativos no deseados. Este comportamiento hace que una persona proyecte lo que siente en otra persona en lugar de ser dueña de las emociones negativas. El comportamiento de las personas que abrazan la vida como víctimas es volátil. Ellos atribuyen todos sus problemas a otros atacando y siendo muy críticos. Además, nunca son capaces de asumir la responsabilidad y es difícil para ellos salir adelante en la vida porque sus emociones están atrapadas en experiencias pasadas. En lugar de tratar con su propio dolor, que infligen dolor a los que les rodean.

Comportamientos Adictivos

Según varios puntos de vista psicológicos, los comportamientos adictivos pueden ser tanto físicos como psicológicos. Cuando el dolor se vuelve más de lo que estas personas pueden soportar, recurren a comportamientos habituales, incluyendo drogas recreativas, alcohol, juegos de azar, relaciones abusivas o pornografía. Estos comportamientos adictivos también pueden manifestarse en la persona de ser un adicto al trabajo o un adicto al trabajo; Incluso pueden llegar a ser completamente obsesionado con su apariencia. Cuando se trata de apariencia física, el *Manual Diagnóstico y Estadístico de los Trastornos Mentales* (DSM-5) Ha clasificado un nuevo trastorno obsesivo-compulsivo llamado dismorfia corporal que hace que una persona adicta a la cirugía estética. Estos comportamientos habituales sirven para adormecer el dolor, pero también mantienen al rehén de su víctima durante años.

Codependencia:

Una definición clínica de codependencia es "una condición psicológica o una relación en la cual una persona es controlada o manipulada por otra que está afectada con una condición patológica (como adicción al alcohol o a la heroína); Ampliamente: la dependencia de las necesidades o el control de otro ". Estas personas, que dependen de otras personas, son tan adictos que permiten que el comportamiento negativo continúe. Su codependencia se manifiesta en ser personas complacientes; Siendo controlante, posesivo, celoso; Facilitadores o rescatistas. La codependencia también puede evidenciarse en la amargura y el resentimiento. Una personalidad adictiva comienza a resentir a la persona dependiente porque no tiene la capacidad de devolver lo que le fue dado. Estas personas también pueden ser muy pasivo-agresivo.

También quiero añadir votos internos. Una vocal interna no es un mecanismo de afrontamiento tanto como es una respuesta. Es una persona que hace acuerdos verbales en reacción al dolor o un evento traumático. El propósito de estos acuerdos es aislar a un individuo de daño adicional. Estos son contratos espirituales que deben ser cancelados. Si no se cancelan, se mantienen vigentes durante la vigencia del contrato. La historia de una mujer es que ella juró que un hombre nunca la volvería a lastimar. Ese voto interior la catapultó hacia una vida de homosexualidad.

Los espíritus demoníacos se alimentan de estos votos internos porque les da el derecho legal de hacerlos cumplir. Números 30: 2 dice, *"Si un hombre hace un voto al Señor, o jura un juramento de atar por algún acuerdo, no romperá su palabra; Hará conforme a todo lo que procede de su boca."*

La reparación del sistema emocional y la recuperación del dolor de la vida es posible ya que Jesús dijo en Mateo 19:26, *"…Con los hombres esto es imposible, pero con Dios todo es posible."* Además, Job es el estudio de caso perfecto para demostrar que cualquiera puede curarse de eventos traumáticos. Job se recuperó de su pérdida de todo y venció su pena. Eventualmente, Dios le devolvió todas sus posesiones (Job 42:16, 17). La respuesta de una persona determina si sus problemas serán una lucha de por vida o un conflicto momentáneo. Los siguientes R son tres pasos prácticos para ayudar a tratar los problemas emocionales:

Reconocimiento

El primer paso es reconocer y aceptar el dolor. Este paso hace que el dolor sea real y se niega a espiritualizarlo como un ataque del enemigo. La mayoría de los cristianos no saben la diferencia entre un asalto del enemigo y una consecuencia. El fundamento de la curación es reconocer que necesitamos ayuda.

Después de dos matrimonios fracasados y años de relaciones disfuncionales, finalmente me di cuenta de que necesitaba ayuda. En el momento en que reconocí la necesidad de intervención, toda mi vida cambió por completo. En toda la honestidad, mi llamada inicial para la ayuda era rescatarme de la mala conducta de otra persona - no de mi propio.

Arrepentimiento

En segundo lugar, cambiar nuestra conducta y cambiar nuestra forma de pensar sobre el asunto es tan importante. Satanás y sus regímenes demoníacos son reales y harán todo lo posible para mantenernos en una prisión auto-impuesta distorsionando nuestros patrones de pensamiento. El arrepentimiento es también un acto de madurez que admite nuestra responsabilidad. El enemigo puede iniciar un ciclo negativo, pero sólo podemos permitir que se perpetúe. He llegado a entender que no importa qué arma Satanás saca de su arsenal, mi respuesta controlará el resultado. Este paso es el más crucial porque, para la mayoría, es difícil para cualquier persona acceder al hecho de que su situación presente es en parte un resultado de su propio comportamiento.

Renuncia

Jesús dijo en Lucas 10:19 (RV), *"He aquí yo te doy poder…"* Usando tu voluntad personal y la Palabra de Dios para rechazar estas emociones negativas el poder de operar en tu vida te transformará de víctima en vencedora. Comprender que el enemigo sólo tiene el poder que le es dado es tan importante renunciar a las emociones negativas.

38

DONDE EL ENEMIGO TRANSITA

Ser herido es una de las inevitabilidades de la vida y aprender a procesar el dolor emocional es cómo liberamos la vida abundante de la que Jesús habló en Juan 10:10. La inhabilidad de una persona de hacer esto obstaculiza el regalo y la llamada de Dios en sus vidas y da al enemigo derecho legal al tránsito. La verdadera curación nos permite cerrar todas las puertas donde el enemigo tiene acceso.

Como se discutió en el capítulo anterior, muchos no entienden o tienen las herramientas para procesar los eventos emocionales dolorosos, sino que desarrollan una miríada de mecanismos de afrontamiento que enmascaran el dolor, nunca lo resuelven. Gravitar hacia otros que constantemente necesitan ser rescatados es una forma común. Ellos están constantemente "salvándose a sí mismos", operando bajo el disfraz de "Si alguien hubiera hecho esto por mí, yo no habría experimentado las cosas por las que pasé". El problema con esta teoría es que muchos no consideran las acciones de la otra persona que contribuyeron a su condición. Muchas veces, la esclavitud es la cooperación de una persona con influencias demoníacas. Es importante recordar al ministrar a aquellos que están en esclavitud que muchas veces es una elección ya que las Escrituras declaran que somos libres (Juan 8:36).

La jerarquía de necesidades de Maslow es una teoría motivacional en psicología que comprende un modelo de cinco niveles de necesidades humanas, a menudo representadas como niveles jerárquicos dentro de una pirámide. Su trabajo es significativo para ayudarnos a entender cómo la falta de necesidad humana puede causar déficits emocionales. El modelo de jerarquía original de las necesidades de cinco etapas incluye:

- o **Necesidades biológicas y fisiológicas** - aire, comida, bebida, refugio, calor, sexo, sueño.

- o **Necesidades de seguridad** - protección de los elementos, seguridad, orden, ley, estabilidad, libertad frente al miedo.

- o **Necesidades de amor y pertenencia** - amistad, intimidad, confianza y aceptación, recibiendo y dando afecto y amor. Afiliarse, formar parte de un grupo (familia, amigos, trabajo).

- o **Necesidades de estima** - logro, dominio, independencia, estatus, dominio, prestigio, respeto propio, respeto de los demás.

- o **Necesidades de auto-actualización** - realizando el potencial personal, la auto-realización, la búsqueda de crecimiento personal y las experiencias máximas.

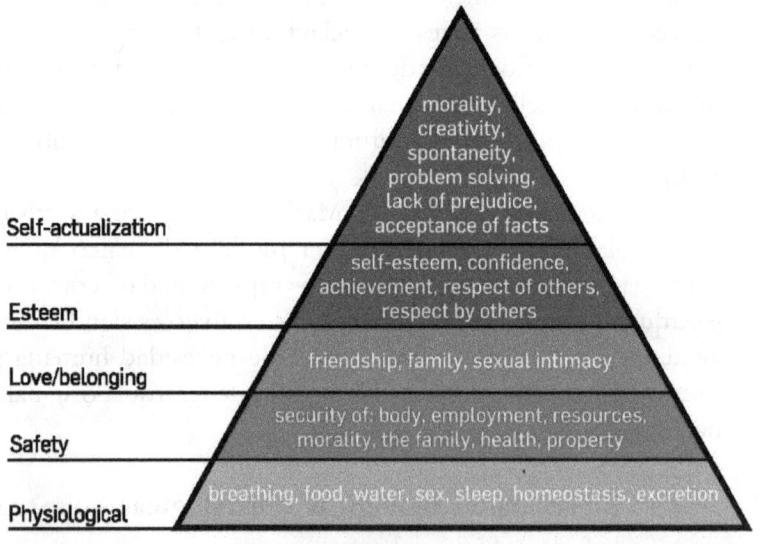

CURANDO LAS HERIDAS

En conclusión, algunos psicólogos dicen que para que un niño madure, necesita recibir aceptación y aprobación, amor y afecto, estímulo, seguridad, apoyo, consuelo, respeto, atención, aprecio y celebración de sus padres. La ausencia de estos intangibles crea un agujero que puede destruir la vida de una persona. Al embarcarse por su cuenta, si estas necesidades no se cumplen, usted pasará toda su vida adulta buscándolas. La identificación de estas vacantes le dará una visión de cómo el enemigo puede transitar dentro y fuera de su vida a voluntad. Las Escrituras confirman que tenemos autoridad sobre los ataques de los enemigos así que, por lo tanto, él solo tiene autoridad para transitar en áreas donde se le ha dado permiso, consciente o inconscientemente. Por ejemplo, si creció con muy poco afecto, puede ser más susceptible a los pecados sexuales debido a la falta de intimidad emocional y física. Puesto que las heridas de la infancia pueden estar tan profundamente arraigadas en su alma, la obra redentora del Espíritu Santo es primordial.

En mi propia evaluación personal, me di cuenta de que, debido a ser abandonada por mi padre, mi necesidad más importante era la seguridad. Cuando sentía que, mi seguridad estaba siendo amenazada relacionalmente, financieramente, espiritualmente o emocionalmente, yo entraba en pánico lo que creó mucho conflicto en mis relaciones. Una vez que descubrí mi gatillo, alteré el curso de mi vida y mi ministerio. Profeta, Dios quiere sanar todas tus heridas.

39

BARRERAS EMOCIONALES

La tabla a continuación proporciona una indicación de dónde se ha permitido que el enemigo obstaculice su vida. Como una pauta, todas las áreas identificadas son iniciadas por el padre no el niño. Por ejemplo, el afecto no es cuando un niño va y abraza a un padre es cuando el padre se extiende amorosamente al niño.

Dé a cada padre una calificación de 1 -10. 10 siendo el mejor y 0 siendo el peor. Cada área donde usted anotó debajo de 4 le da una indicación clara de una deficiencia psicológica o emocional. Si un padre estaba ausente, adicto o abusivo entonces la mayor parte de sus respuestas serán cero. Además, si sus padres discutieron excesivamente también habrá áreas donde tendrás bajas porque conflictos no resueltos en los padres crea sentimientos de abandono en un niño.

Este ejercicio no se crea para degradar o enfrentar a sus padres; Sólo se utiliza para identificar necesidades deficientes. Si todavía tiene problemas sin resolver con sus padres, la escritura de cartas es una herramienta eficaz para liberar esas emociones negativas. No es necesario dar la carta a tus padres a menos que te sientas guiado por el Espíritu Santo.

CURANDO LAS HERIDAS

Necesidad Emocional	Definición	Madre	Padre
Aceptación y Aprobación	Capaz o digno de ser aceptado. El estado de ser satisfactorio, favorable o adecuado.		
Amor y Afecto	Apego o afecto cálido expresado por un padre a un niño. Expresado por el toque físico o el tiempo de calidad.		
Ánimo	El acto de inspirar o dar esperanza		
Seguridad	La seguridad. Libertad de peligro, ansiedad o miedo.		
Apoyo	Promover el interés o la causa. Ayuda o asistencia.		
Comodidad	Para fortalecer. Consola en tiempos de dolor.		
Respeto	Ser valorado o estimado.		
Atención	Ser notado u observado.		
Apreciación	La expresión de admiración o gratitud.		
Celebración	Para honrar en ocasiones especiales o logros.		

40

DOLOR DE LA IGLESIA

Como se mencionó en el capítulo anterior, el dolor emocional es una parte de la vida, y aprender a procesar estos episodios de dolor es una habilidad fundamental en la vida de un profeta. La vida profética, que más veces que nada será extremadamente dolorosa, es a menudo debido a la cantidad de información espiritual, responsabilidad y rechazo que un profeta tiene que recibir y administrar. Las heridas relacionadas con nuestra infancia ya han sido abordadas; Por lo tanto, me gustaría centrarme en las heridas que sucedieron mientras estábamos sirviendo y avanzando el reino de Dios.

En esta coyuntura en el camino es crucial establecer que el ministerio es difícil, exigente y agotador. En 2 Corintios 6: 4-10, el apóstol Pablo habla acerca de las marcas del ministerio, que creo que son importantes para que un profeta entienda.

Pero en todas las cosas nos encomendamos a nosotros mismos como ministros de Dios: en mucha paciencia, en tribulaciones, en necesidades, en angustias, en rayas, en prisiones, en tumultos, en trabajos, en insomnio, en ayunos; por la pureza, por el conocimiento, por la bondad, por el Espíritu Santo, por el amor sincero, por la palabra de verdad, por el poder de Dios, por la armadura de justicia a la derecha y a la izquierda, por honor y deshonra, por mal informe y buen informe; como engañadores y, sin embargo; como desconocido, y sin embargo bien conocido; Como moribundo, y he aquí vivimos; Como castigados, y sin embargo no muertos; Como triste, pero siempre alegre; Como pobres, sin embargo, haciendo muchos ricos; Como no teniendo nada, y sin embargo poseer todas las cosas.

La gente puede ser el mayor activo de un profeta o su mayor responsabilidad. La Palabra de Dios ordena a las personas a trabajar en colaboración entre sí, pero por varias razones, trabajar juntos puede ser una habilidad en sí misma. Inicialmente, las personas están en diferentes niveles de madurez, y lo que una persona ha superado todavía puede ser una batalla para otra persona. En segundo lugar, a veces, las personas no cumplen con los motivos adecuados, y sus intenciones son crear confusión y división para obtener lo que quieren. En tercer lugar, los celos y la envidia siempre parecen ser cuestiones en la comunidad profética. Por último, algunas personas simplemente no tienen corazones honorables; Que es lo que son. Aprender a navegar a través de estas personalidades es un arte que requiere la sabiduría de Dios.

Más veces que nada, cuando la gente sirve, tienden a absorber las heridas y las decepciones porque, después de todo, estamos trabajando para el Señor. También olvidamos que somos seres humanos y que tenemos el derecho de protegernos a nosotros mismos y enfrentar a los que nos han ofendido (Mateo 18:15-17). La advertencia es que cuando el daño está en manos de un líder, un cierto protocolo debe ser adherido o las iglesias estarían explotando desde adentro hacia afuera. La retórica religiosa nos hace creer que no tenemos el derecho de enfrentar a un líder, pero eso es falso.

La herida de la Iglesia es un verdadero fenómeno; Algunas personas se recuperan, y algunas nunca lo hacen. Fue absolutamente la gracia de Dios en mi vida la que me autorizó a continuar en el ministerio. Todo en mí estaba gritando peligro, y mi único recurso era abortar la misión. Realmente no entendía por qué la gente estaba respondiendo a mí de la manera que lo estaban haciendo. Como un joven profeta, hice la falsa suposición de que la gente estaría feliz de escuchar lo que tenía que decir. Pronto me di cuenta de que el ministerio profético es el más detestado. Los profetas fueron asesinados, odiados y condenados al ostracismo. Por lo tanto, es difícil para mí abrazar este estrellato nuevo de los profetas modernos. El libro de 2 Crónicas capítulo 24 registró la muerte de Zacarías después de que él declaró la palabra inspirada de Dios:

Entonces el Espíritu de Dios vino sobre Zacarías, hijo del sacerdote Joiada, que estaba sobre el pueblo, y les dijo: "Así dice Dios: '¿Por qué transgredís los mandamientos de Jehová, para que no podáis prosperar? Porque habéis dejado a Jehová, también os ha abandonado' "Conspiraron contra él, y al mando del rey lo apedrearon con piedras en el atrio de la casa del SEÑOR" (vv. 20, 21).

Recuerdo ir al ensayo del coro en la iglesia que atendía. Yo estaba entrenada para estar comprometida, así que sabía que tenía que irme, pero cada semana, la ansiedad y el miedo me sobrepasaban. Le pregunté al Señor lo que estaba sucediendo, y Él dijo, "Asocias ir a la iglesia con dolor." Usted se asocia a ir a la iglesia si no fuera por el consejo de un profeta más maduro, yo no estaría en la iglesia hoy. Estoy dando cuentas de la vida real, ya que esto es más que un libro; Es un manual de entrenamiento para futuras voces proféticas con dolor.

41

MANEJANDO HERIDAS DEL MINISTERIO

En el ministerio, la respuesta correcta a los daños y ofensas es primaria. Si no respondemos adecuadamente, el resultado puede dañar a aquellos que son confiados a nuestra atención y obstaculizar la potencia de nuestros ministerios. Ser herido es inevitable; Lo que importa es cómo manejar esos daños. Si Dios te estira, confía en que Él sabe lo que es mejor. Si estás siendo maltratado, confía en que Dios pagará lo que es correcto. Si se movió por delante de la voz del Espíritu Santo, sepa que hay perdón y un nuevo comienzo. La gente responde a las heridas del ministerio de muchas maneras, pero las siguientes áreas parecen ser las más comunes:

Orgullo

El mundo dice que la mejor venganza es el éxito; Yo digo que la mejor venganza es responder con humildad. Nuestra respuesta es orgullosa cuando estamos tratando de probar o mostrar a la gente que somos importantes o que hemos llegado. Cuando esta reacción se convierte en nuestra respuesta normal a ser herido, corremos el riesgo de desarrollar una persona falsa para hacer frente al dolor. Adaptarse de esta manera puede ser peligroso ya que la autenticidad es un requisito ministerial.

Falta de Perdón

La Biblia nos manda en Hebreos 12:14-15,
> *Persiga la paz con todo el pueblo y la santidad, sin la cual nadie verá al Señor, mirando con cuidado para que nadie falte a la gracia de Dios; Para que ninguna raíz de amargura que brote cause problemas, y por esto muchos se contaminan.*

CURANDO LAS HERIDAS

Si la raíz de la amargura no es arrancada, contaminará a todos los que nos rodean. Cuando nos negamos a extender la gracia y misericordia que Dios nos ha extendido, nos volvemos insensibles y fríos. No puedo enfatizar la importancia de saber que perdonar a alguien no depende de si él reconoce lo que hizo. Cuando perdonamos, estamos liberándonos de la situación y permitiendo que Dios maneje el asunto. Charles Stanley dijo, "Cuando nos negamos a perdonar, estamos insinuando que la muerte de Jesús en la cruz no fue suficiente."

Miedo

Nos volvemos aprensivos acerca de volver "al ring", temiendo ser heridos de nuevo. Parece que no podemos tomar otros riesgos, lo que puede poner en peligro futuras oportunidades de ministerio. Si no se maneja el miedo, podemos permitirnos convertirnos en personas cansadas, desilusionadas y estancadas.

Apatía

Ya no nos importa; Nuestra pasión ha disminuido; Hemos perdido nuestro impulso y nos hemos vuelto débiles. El entusiasmo que una vez poseíamos se ha convertido en desilusión. Nos alistamos en el ejército de aquellos que están pasando por los movimientos.

Depresión

Muchas veces, la depresión es el enojo hacia adentro. Nos negamos a reconocer el daño, que nos engaña a creer que estamos operando por la fe. También puede ser una persona exigiendo castigo sobre sí mismo sobre un evento anterior. El ministerio puede ser doloroso y cuidar nuestras heridas es imperativo. Mientras hacemos el tiempo para sanar, podemos frustrar los planes del enemigo.

CURANDO LAS HERIDAS

La respuesta del Apóstol Pablo

Entonces, ¿cuál es la forma adecuada de responder a las heridas? Creo que podemos aprender una lección del apóstol Pablo quien fue el que escribió bajo la inspiración del Espíritu Santo, *"Puedo hacer todas las cosas en Cristo que me fortalece"* (Filipenses 4:13).

Hechos 14: 19-23 destaca uno de los primeros encuentros ministeriales de Pablo, que terminó con un intento de apedrearlo hasta la muerte. Entonces, ¿cómo respondió Pablo?

- o *"Y al día siguiente partió"* (v. 20). No perdió tiempo en aprehender su siguiente misión.

- o *"Predicó ... e hizo muchos discípulos"* (v. 21). Él no rehusó el ministerio que Dios puso en él.

- o *"Regresaron a Listra, Iconio y Antioquía"* (v. 21). Volvió a la gente que lo apedreó. No permitió que la ofensa lo entorpeciera.

- o *"Fortalecimiento de las almas de los discípulos"* (v. 21). Estaba más comprometido con la misión que con sus propios sentimientos. Animó a sus hermanos.

42

EL PROFETA HERIDO

En un sueño que tuve hace varios años, estaba de pie en el fondo de una iglesia, viendo a un profeta salir del púlpito después de predicar. Al quitar sus vestiduras sacerdotales, vi largas cicatrices en sus hombros. Su rostro era joven, pero su cuerpo estaba plagado de nudos de vejez. Oí al Espíritu de Dios decir: "Estoy triste, y los sacerdotes están heridos". La cicatriz del hombro significaba que estaban tan heridos que no podían llevar el arca del pacto, que representaba la presencia, el poder y la provisión de Dios (Hebreos 9:4).

Según la *Concordancia de Strong*, una herida es "una plaga [una enfermedad altamente infecciosa repentina]; Pestilencia [una enfermedad epidémica mortal]; Un lugar leproso, un trauma [una herida causada por una lesión física repentina, algo que frena severamente la mente o las emociones]; Ser herido es profanar, profanar o mutilar." [17] Según el *diccionario de Webster*, una herida [18] es "una lesión especialmente en la cual la piel es rasgada, perforada o cortada."

Como ya he aludido, nunca puedes ministrar de tus heridas; Usted ministra de sus cicatrices. En el Antiguo Testamento, la condición del sacerdocio era asunto serio. Debajo están las instrucciones de Dios a Moisés.

> *Y habló Jehová a Moisés, diciendo: "Habla a Aarón, diciendo: 'Ningún hombre de tu descendencia en las generaciones venideras, que tenga algún defecto, puede acercarse a ofrecer el pan de su Dios. Porque el hombre que tiene un defecto no se acercará: un hombre ciego o cojo, que tiene un rostro emborronado o un miembro demasiado largo, un hombre que tiene un pie roto o mano rota, es un jorobado o un enano, o un hombre que tiene un defecto en sus ojos, o eccema o costras, o es un eunuco. Ninguno de los descendientes del sacerdote Aarón, que tiene un defecto, se acercará para ofrecer las ofrendas encendidas al Señor. Tiene un defecto; No se*

acercará para ofrecer el pan de su Dios. Él puede comer el pan de su Dios, tanto el más santo y el santo; sólo que no se acercará al velo ni se acercará al altar, porque tiene un defecto, para no profanar mis santuarios; Porque yo, el Señor, los santifico (Levítico 21:16-23).

Entonces el Señor habló a Moisés, diciendo, "Habla a Aarón y a sus hijos, para que se separen de las cosas sagradas de los hijos de Israel, y no profanen mi santo nombre por lo que me dedican: Yo soy el Señor. Diles a ellos: 'Cualquiera de todos vuestros descendientes por vuestras generaciones, que se acerca a las cosas santas que los hijos de Israel dedican al Señor, mientras tiene inmundicia sobre él, esa persona será cortada de Mi presencia. Yo soy el Señor. (Levítico 22:1-3).

En la ley levítica, los sacerdotes eran mantenidos a un nivel más alto porque eran los modelos públicos de Dios para la totalidad. Además, estas instrucciones no fueron dadas en privado sino en público para que las personas a las que servían conocieran y entendieran cuáles eran las exigencias de Dios. Había tres condiciones identificadas en el texto concerniente al sacerdote que ministraba pan al Señor.

- o El primer grupo de personas eran aquellos que tenían lesiones que sanarían, como un pie roto. Serían capaces de servir una vez que su curación fuera completa.

- o El segundo grupo eran personas con deformidades. Ellos nunca serían capaces de ministrar al Señor principalmente porque su condición les prohibía administrar plenamente sus deberes sacerdotales. Pero Dios proveyó a estos sacerdotes y les asignó otros deberes adecuados.

- El último grupo de sacerdotes fue considerado impuro debido a algún tipo de secreción cutánea. Estos sacerdotes no podían servir hasta que fueron sanados y su curación fue verificada. Si un sacerdote impuro oficiaba un servicio de sacrificio, la ofrenda a Dios sería anulada.

El clima religioso actual no hace un buen trabajo en la investigación de predicadores. Simplemente se juzgan por la rapidez con que pueden empacar una iglesia o un estadio. La meta es más financiera que espiritual, y hay muy poca preocupación acerca de cómo viven sus vidas privadas. Si creemos que la Biblia en su totalidad es por inspiración divina, entonces debemos creer que todo en ella es relevante para hoy. En el Antiguo Testamento, las personas que fueron heridas (descargas corporales, lepra, etc.) tuvieron que ser removidas de la población general hasta que fueron sanadas. Jesús sangró *por* el pueblo, no *sobre* el pueblo.

Una herida espiritual dejada desatendida puede convertirse en pútrida, multiplicando el riesgo de infectar a las personas y propagar enfermedades mortales, especialmente a los débiles. Un sacerdote herido que ofrece un sacrificio inaceptable puede devorar el cuerpo en cuestión de horas, y el daño causado a veces no se ve desde hace años. Los profetas deben considerar dónde están en su proceso de curación. Algunos tienen tanto miedo de perder terreno que ponen al pueblo de Dios en peligro para mantener el ministerio creciendo y el dinero entrando.

Si una persona decide dar un paso atrás en el ministerio, no significa que no puede recuperarse. En 2016 el pastor Pete Wilson de Megachurch renunció según *Charisma Magazine*. Su última observación a su congregación fue, "Y ahora, más que nunca — realmente necesito sus oraciones y necesito su apoyo. Hemos dicho que esta es una iglesia donde está bien no estar bien, y no estoy bien. Estoy cansado. Estoy roto, y solo necesito descansar." En mi opinión, debe ser aplaudido. Su amor por Dios y el ministerio era más importante que él manteniendo de su posición como el pastor principal.

Aquellos que se niegan a abandonar momentáneamente sus púlpitos pueden continuar en el ministerio, pero eso no significa que la mano de Dios estará en el trabajo. Tantas iglesias continúan operando, pero Dios ha sellado *Ichabod*[19] en la puerta principal, y la gloria ha dejado el edificio.

Un amigo mío estaba compartiendo conmigo que, durante una temporada determinada, varios pastores se suicidaron. Mientras preguntaba al Señor, estaba observando un programa ministerial y vio el itinerario del pastor desplazándose por la pantalla. En ese momento, el Espíritu Santo le dijo, "¡Es por eso que! No pueden mantener ese horario y permanecer en Mi presencia al mismo tiempo." Es imperativo que un profeta haga tiempo para sanar y ser reabastecido.

De importancia capital son los líderes proféticos que permiten al Espíritu Santo unir sus heridas y sanarlas por completo. Los profetas deben dar permiso a Dios para sanar lo que ha sido ocultado y protegido en los recovecos interiores y las profundidades de sus almas. Lo que el profeta ha sido incapaz de enfrentar la verdad sobre ser entregado y expuesto. Antes de dar otro paso adelante, es crucial que vayas a tu lugar personal de oración y te "sanes"— No sea que sigas ministrando la muerte al cuerpo. ¡El progreso hacia adelante no siempre significa que usted se está moviendo en la dirección correcta!

43

UN SACRIFICIO ACEPTABLE

Como se discutió en un capítulo anterior, el texto bíblico contiene requisitos estrictos para el sacerdote de Dios. Hoy en día, muchos han grabado vidas de pecado que erróneamente piensan que la gracia y la misericordia han reducido los requisitos. Debido a que no hay consecuencias inmediatas a sus pecados, de alguna manera piensan que se están escapando con ellos. Y cuanto más piensan que se salen con ellos, más ganan impulso.

La temperatura actual de esta edad es tibia. En muchas iglesias, el carácter o estilo de vida de los profetas que ministran es de muy poca importancia, y el regalo parece ser el único factor decisivo. En los días del Antiguo Testamento, un rey buscó un profeta para oír la voz de Dios; Hoy, los profetas son llamados a ayudar a recaudar fondos para construir reinos carnales.

Un profeta debe tener cuidado y discernir acerca de cuál es su asignación y asegurarse de que no ha sido reclutado para entrar en un burdel espiritual. El Señor requiere y ordena una doble ofrenda de sacrificio que es aceptable. Aquellos que ofrecen adoración a Dios deben ser puros, y el sacrificio debe estar libre de defecto o mancha. Las exigencias de Dios sobre la aceptabilidad de un sacrificio eran estrictas. Sus instrucciones a Moisés fueron registradas en Levítico 22:17-25 (AMP),

> *Entonces habló Jehová a Moisés, diciendo, "Habla a Aarón, a sus hijos y a todos los hijos de Israel, y diles, 'Cualquier varón de la casa de Israel, o extranjero en Israel que presente su ofrenda, Votos o como cualquiera de sus ofrendas voluntarias que presentaron al Señor como ofrenda quemada—para que usted pueda ser aceptado —debe ser un macho sin defecto del ganado, las ovejas o las cabras. No ofrecerás nada que tenga un defecto, porque no será aceptado para ti. Cualquiera que ofrezca sacrificios de paz al Señor para cumplir un voto especial al Señor o como una ofrenda voluntaria del ganado o del rebaño, debe ser perfecto para ser aceptado; No habrá mancha en ella. Los animales que están ciegos o*

CURANDO LAS HERIDAS

fracturados o mutilados, o tienen una herida o una herida o una picazón o costras, no ofrecerás al Señor ni ofrecerás por el fuego en el altar al Señor. Para una ofrenda voluntaria, usted puede ofrecer un toro o un cordero que tiene un miembro repleto de crecimiento o deforme (deformidad), pero para el pago de un voto no será aceptado. No ofrecerás al SEÑOR ningún animal que tenga sus testículos machucados, aplastados, rotos o cortados, ni sacrificados en tu tierra. Tampoco ofrecerás como comida de tu Dios a ninguno de estos [animales obtenidos] de un extranjero, porque su corrupción y defecto los hace inadecuados; Hay un defecto en ellos, no serán aceptados para usted."'

Más que cualquier otro don, los profetas deben comportarse con absoluta integridad. Por naturaleza, el ministerio profético posee una mayor capacidad de impacto en la vida de las personas, lo que también aumenta la capacidad de causar un daño tremendo.

Contrastadamente, permítele al Señor que busque en su corazón y pese sus motivos. Salmos 139: 23-24 es el clamor de David por la intervención divina. Él dijo, *"Buscadme, oh Dios, y conoced mi corazón; Pruébame y conoce mis pensamientos ansiosos; Y vea si hay en mí algún camino perverso o dañino, Y guíame en el camino eterno"* (AMP). De un alma pura y limpia, abrace la honestidad, se atreva a ser transparente y ceder a la corrección de Dios. Estar cómodo con la vida bajo el cuchillo.

44

MATANDO LA RAÍZ

"Y aun ahora el hacha está puesta a la raíz de los árboles. Por lo tanto, todo árbol que no da buen fruto es cortado y arrojado al fuego" (Mateo 3:10). El factor común en el ascenso y la caída de ministerios prominentes es la corrupción de los sistemas radicales. Una vez que un asunto se vuelve público, se ha estado produciendo bajo la superficie sin oposición durante muchos años, y la corrección de Dios a través de los profetas ha sido rechazada. Lo que no matas, a la larga, te matará.

La ciencia dice que para cuando el cáncer se detecta en el cuerpo de una persona, ha estado creciendo durante varios meses e incluso años. El tratamiento del cáncer no es el asesinato de las raíces, sino la muerte de las frutas. Desafortunadamente, en muchos casos, cuando se detecta cáncer, puede ser extremadamente difícil encontrar la fuente de origen.

El mismo principio es cierto con algunas de estas cuestiones del alma. Tristemente, la mayoría de la gente nunca hace el trabajo requerido para identificar las ediciones de la raíz en sus vidas. En cambio, pasan la mayor parte de sus vidas arrancando frutas en vez de destruir raíces.

Jesús habló en parábolas. Maldijo la higuera y dijo, *"'No dejes que ningún fruto crezca en ti". Inmediatamente la higuera se marchitó"* (Mateo 21:19). La higuera se marchitó porque el sistema de raíz fue profanado. Amós 2: 9 (NLT) dice, *"Pero como mi pueblo observaba, destruí a los amorreos, aunque eran tan altos como cedros y fuertes como robles. Destruí la fruta en sus ramas y cavé sus raíces."*

El *diccionario Webster* define una *raíz* como "algo que funciona como un medio de anclaje y apoyo. Es un origen o una fuente que se relaciona con una condición o calidad." [20] De acuerdo con Job 18:16, *"Sus raíces se secan abajo, y su rama se marchita arriba."* Por lo tanto, el principio divino es que matar la raíz mata la fruta.

Otra definición de *raíz* es "establecer"."[21] El enemigo trabaja ardientemente para instaurar debilidades en la vida de los niños mucho antes de que puedan luchar contra ellos. Estas áreas comprometidas comienzan a desarrollarse en sistemas de raíces que, de forma verificable, los debilitarán en futuras batallas si no se detectan o se ignoran. Los sistemas de la raíz pueden llegar a ser absolutamente intrincados y se entrelazan alrededor de cada aspecto de la vida y del ser de una persona. Pueden y asfixiarán la vida misma de cada relación y se esforzarán y gravarán el avance hacia adelante de la persona.

Cualquier cosa que pueda obstaculizar la madurez de un creyente en Cristo es considerada un adversario. Por eso, Jesús dijo, *"Acepta con tu adversario rápidamente"* (Mateo 5:25). Es esencial que el profeta ceda al proceso de purificación de Dios, especialmente antes de que él entre en el ministerio.

Estos problemas radicales están durmiendo en los corazones y las almas de los profetas de Dios. Pueden funcionar engañosamente en ellos, dándoles la impresión de que tienen tiempo para "hacerlo bien" antes de exponerse. De la pluma del profeta Ezequiel,

> *Dios me preguntó, "Hijo de hombre, ¿ves lo que los líderes de la nación de Israel están haciendo en secreto? Cada uno de ellos está en la habitación donde está su dios, y cada uno de ellos está pensando, 'El SEÑOR no me ve"* (Ezequiel 8:12, GW).

Una vez que estas brechas se manifiestan, pueden causar daño irreversible al pueblo de Dios y destruir sistemáticamente lo que tomó el favor de Dios, recursos humanos y años para construir. Lamentablemente, algunas personas nunca se recuperan y cortan completamente toda comunicación con la iglesia.

En la vida de un profeta, el objetivo del enemigo es apagar su voz de libertad, redención y sanación. La clave de su proceso de curación es estar atento a las estrategias del enemigo. El enemigo es paciente, implacable y consistente como se ilustra en Lucas 4:13, que dice, *"Ahora que el diablo había acabado con todas las tentaciones, se apartó de Él hasta el momento oportuno."* "Tiempo oportuno" Son las palabras operativas de este versículo, que infieren que Satanás está a punto de atacar cuando menos se espera. *"Estén atentos, permanezcan firmes en la fe, actúen como los hombres, sean fuertes"* (1 Corintios 16:13, ESV).

45

LAS OBRAS DE LA CARNE

El apóstol Pablo también escribió en Romanos 7:15-17:

Por lo que estoy haciendo, no lo entiendo. Por lo que voy a hacer, que no practico; Pero lo que odio, lo hago. Si, entonces, hago lo que no quiero hacer, estoy de acuerdo con la ley que es bueno. Pero ahora, ya no soy yo quien lo hace, sino el pecado que mora en mí.

En el libro de Gálatas 5: 16-21, Pablo también se dirige a la congregación en Galacia con respecto a la libertad que se les ha dado en Cristo, Él dice,

Digo entonces: Andad en el Espíritu, y no cumpliréis la concupiscencia de la carne. Porque la carne codicia contra el Espíritu, y el Espíritu contra la carne; Y éstos son contrarios el uno al otro, de modo que usted no haga las cosas que usted desea. Pero si son guiados por el Espíritu, ustedes no están bajo la ley. Ahora son evidentes las **obras** *de la carne: adulterio, fornicación, inmundicia, lujuria, idolatría, hechicería, odio, contiendas, celos, arrebatos de ira, ambiciones egoístas, disensiones, herejías, envidias, asesinatos, borracheras, similares; De la cual os digo de antemano, como también os he dicho en tiempos pasados, que aquellos que practican tales cosas no heredarán el reino de Dios.*

Aclarar la palabra "obras"[22] es importante. De acuerdo con la *Concordancia de Strong*, la obra es "Una acción que lleva a cabo un deseo interior [intención, propósito]." Un profeta no puede ser impulsado por el apetito sino por el destino. Permitir que su carne lo controle disminuye el impacto de su mensaje. Vivir bajo el escalpelo de la corrección es una disciplina necesaria que mantiene la oficina pura. El fin principal de un profeta es controlar tu carne y no dejar que tu carne te controle.

CURANDO LAS HERIDAS

Uno de los elementos más estratégicos de la guerra es conocer a tu enemigo. Sun Tzu, un estratega militar chino, es citado diciendo lo siguiente:

> Si conoce al enemigo y se conoce a sí mismo, no debe temer el resultado de cien batallas. Si te conoces a ti mismo, pero no al enemigo, por cada victoria ganada también sufrirá una derrota. Si no conoces al enemigo ni a ti mismo, sucumbirás en cada batalla.[23]

Examine su vida y fortifique espiritualmente. Todos caeremos y pecaremos como es la naturaleza de la carne, pero practicar el pecado no es una opción. Se necesitan muchos años para entrenar eficazmente a un profeta, y una proclividad perpetua puede hacer al profeta inútil para el reino de Dios. Una de las razones por la que la caída de los profetas es problemática ya veces más allá de la recuperación es debido a la dificultad de las personas para creer incluso que existimos y nuestro mensaje es por inspiración divina.

Un año, estaba haciendo una conferencia y estaba ministrando proféticamente a un individuo cuando le hice un gesto a un miembro de mi personal para que me ayudara; Ella se movió tan rápidamente que me sobresaltó. Escuché al Espíritu Santo decir, "No se aproveche nunca de eso." Como profeta, soy muy cuidadoso de cómo manejo y trato al pueblo de Dios porque soy claro en el hecho de que ellos no son *mis* siervos; Ellos son de Dios. No son para mi uso personal, sino para el uso del reino. No permitiré que mis esfuerzos caritativos profanen el reino de Dios.

46

LABIOS IMPUROS

El Salmo 141: 3 (ESV) nos está advirtiendo que controlemos nuestras puertas de la boca. Dice, *"Guarda, oh SEÑOR, sobre mi* **boca***; ¡Cuida la puerta de mis labios! y "Guarda* **tu** *lengua del mal y* **tus** *labios para no hablar engaño."* El mayor activo de un profeta es su boca, que también puede ser su mayor enemigo. Dado que los profetas funcionan como delegados de Dios para la inspiración divina, sus palabras tienen más impacto y peso. Más que cualquier otro don, los profetas deben tener cuidado de cómo dicen las cosas a la gente. Las palabras tienen poder y pueden seguir viviendo en el espíritu de una persona mucho después de que nos hayamos ido. Así que muchos creyentes piensan que son obstaculizados por un enemigo, cuando de hecho, se ven obstaculizados por una palabra pronunciada sobre sus vidas. Proverbios 25:11 (RV) dice, *"Una palabra bien hablada es como manzanas de oro en cuadros de plata."*

El Espíritu Santo me enseñó hace años sobre el poder de las palabras. Él dijo, "Cada palabra que usted habla está colgando en el balance que espera para satisfacer a sí mismo. Si no se cumple, me haría mentiroso. Si yo fuera un mentiroso, incluso los mismos planetas se caerían de órbita."

Cuando yo era un profeta en entrenamiento, sentí que una persona de nuestro grupo de liderazgo estaba siendo manipulada por otro miembro de nuestra iglesia, y esa manipulación estaba agitando mi espíritu. Estaba intentando desesperadamente convencer a esta persona de que estaba cayendo presa de las tácticas enemigas, pero mis palabras no estaban siendo atendidas. Cuanto más presionaba, más empezaba a sentirme resentido. Él me dijo: "Otros pueden decirme lo mismo, pero cuando tú me dices, ni siquiera puedo dormir". Por esa experiencia, Dios me mostró que una palabra profética fuera de temporada puede ser perjudicial.

Cuando Dios llamó al profeta Isaías, una de las primeras preocupaciones con que Isaías se enfrentó fue la condición de sus labios. Dios tenía que purificar sus labios de todo lo impuro. En el momento en que el profeta Isaías vio una vislumbre de la santidad de Dios, se enfrentó con su propia debilidad. Con labios sucios, infectados y viles, Isaías temía la destrucción, e imagino que fue inmediatamente arrodillado. Estaba agobiado de angustia porque entrar en la presencia de un rey y no seguir el protocolo adecuado podría significar la muerte. Isaías inmediatamente paró el proceso y dijo, *"Ay de mí ... Soy un hombre de labios impuros"* (Isaías 6:5). Entonces el ángel tomó un carbón quemado del altar y purificó los labios del profeta.

Lamentablemente, muchas veces, respondemos incorrectamente cuando vemos a Dios escondiéndose antes que cediendo (Génesis 3: 9). Nuestro Dios es un Dios de intención, y Él vino con el propósito de purificar. La instrucción de Dios es ponerse sobre las brasas ardientes del altar y permitirle que quite todo lo vil de sus labios, de su corazón, de su mente y de su ministerio.

47

PROBADO

Los riñones significaban el juicio de Dios y la inspección completa de una persona. En la versión King James de la Biblia, la palabra "rienda" se usa en lugar de "riñón". En las traducciones modernas posteriores, la palabra riñón se elimina y se sustituye por las palabras "corazón, mente o emociones", que no es el significado preciso griego o hebreo. Salmos 26: 2 (RV) dice, *"Examíname, oh Señor, y muéstrame; Prueba mis riendas y mi corazón."* Salmos 7:9 (RV) dice, *"Oh, que la maldad de los impíos llegue a su fin; Sino que establezcan al justo: para que el justo muestre los corazones y las riendas."* La *Enciclopedia Estándar Internacional de la Biblia* dice, "Derivado del latín "renes" a través del francés antiguo "reins", ha dado lugar en inglés moderno a la palabra "riñones". Según la psicología hebrea, las riendas son el asiento de las emociones y afectos más profundos del hombre, que sólo Dios puede conocer plenamente."[24]

Reconocer que la soberanía y la inmutabilidad de Dios no se alteran con el tiempo es esencial. Él curará y procesará a un profeta como Él quiera, y Él nunca comprometerá lo que Él requiere de ti. Salmos 115:3 dice, *"Pero nuestro Dios está en el cielo; Hace lo que quiera."*

Mi padre espiritual me enseñó que nunca estamos sin semilla y que somos transportadores de la curación de otra persona. En mayo de 2005, yo estaba en un servicio de adoración vespertina y cuando me iba, el Espíritu de Dios suavemente arrestó mi boca. Cuando estaba pasando una mujer en la congregación, le dije: "Te daré uno de mis riñones."

A veces, el Espíritu de Dios hablará cosas a través de ustedes a las cuales su carne y emociones aún no han cometido. Yo estaba un poco desconcertado, pero a medida que pasaban los meses, no pensé en nada más acerca del encuentro. En retrospectiva, me di cuenta de lo que iba a producir la vida en ella estaba a punto de producir la muerte en mí. Dios me estaba preparando para el ministerio que había grabado en mi espíritu mientras yo estaba siendo formado en el vientre de mi madre. Él estaba a punto de liberar una unción de sanación que fluiría a través de mi corazón hacia los corazones, las mentes y las almas de los profetas de Dios.

Unos meses más tarde, recibí una llamada del programa de donación de riñón en la UCLA y se me pidió que fuera a dar sangre para determinar si era incluso compatible para la cirugía. Cuando los resultados volvieron, la enfermera dijo, "Nunca he visto una reacción tan violenta" (Lo que significaba que el receptor y yo no éramos compatibles para la cirugía). Ella continuo, "Hay otra prueba que se puede ejecutar, pero normalmente no lo ofrecemos porque es muy caro." Ella aun así tomó la decisión de ejecutar esta prueba para determinar si el sistema inmunológico del receptor estaba atacando el mío o el mío estaba atacando el suyo. Si su sistema inmunológico era el culpable, se podría administrar medicamentos para suprimir esa reacción. La siguiente prueba resultó positiva, por lo que se convirtió en una receptora potencial si su médico aprobara la medicación, que era escasa, se necesitaban cinco dosis y cada dosis costó $20,000. El 16 de febrero de 2006, ella y yo fuimos a la cirugía y la oferta fue completa. Un profeta más tarde vino a mí y dijo: "Dios dijo ahora que puede confiar en ti".

El mío era un sacrificio aceptable. Once años más tarde, el receptor de mi riñón está vivo y floreciente. Desde ese tiempo, he visto a Dios aumentarme con provisiones sobrenaturales en cada área de mi vida. El Señor me hizo tres promesas por mi obediencia. Primero, él curaría TODAS mis heridas. Segundo, Él me prosperaría porque ahora sabía que no hay nada que yo no le daré. En tercer lugar, Él curaría las heridas del sacerdote. No podemos determinar qué sacrificio Dios requerirá de nosotros; Nuestra única responsabilidad es responder y obedecer cuando Él llama.

He incluido una copia de mi informe de operación para corroborar mi historia. Una cosa es oír el testimonio de una persona, pero otra cosa es verla.

CURANDO LAS HERIDAS

Documents for: STYLES, YVONNE

STYLES, YVONNE
Inpatient Operation Report
UROLOGY/General

Date of Operation: Thursday, February 16, 2006
Pre-Operative Diagnosis: Donor nephrectomy
Post-Operative Diagnosis: Donor nephrectomy
Operation Title(s): Left laparoscopic donor nephrectomy
Surgeon: Peter Schulam, M.D., Ph.D. (P18088)
Assistant Surgeon(s): Joseph Liao, M.D. (P16888)
Anesthesia: General

Patient Date Of Birth: 01/25/1964, a 42-year-old female.

Indications: A 42-year-old female evaluated by the transplant service and found to be a compatible match to a friend for living unrelated kidney donation. She was offered both a laparoscopic or open approach, she elected for laparoscopic. The risks and benefits were discussed with her including increased operative time, need for emergent open operation, bleeding requiring transfusion, infection, pain, damage to surrounding organs not limited to the spleen, pancreas, colon, or duodenum, damage to the diaphragm, necessitating a chest tube, stroke, death, neuropathies associated with the above, bleeding, infection, need for secondary operation. All questions were answered and she wished to proceed.

Technique: The patient was brought to the operating room and given one gram of Ancef following placement in supine position. General anesthesia was induced without complications. An oral gastric tube and Foley catheter were placed. The patient was then placed in the left flank position, being sure to pad well all pressure points. She was prepped and draped in the usual sterile fashion. A Veress needle was used to obtain pneumoperitoneum and a 5 mm visual obturator trocar was placed 3 fingerbreadths below the xiphoid and the left rectus edge of the abdomen was entered under direct vision four fingerbreadths below this. A 5 mm trocar was placed at the level of the umbilicus and an additional 5 mm trocar was placed. We began by incising the white line of Toldt from the level of vessels up to the kidney to the posterior peritoneum overlying the kidney The lateral spleen was incised to the crease of the diaphragm. We identified the psoas muscle caudally and incised Gerota's fascia lateral to the adrenal gland. A fourth trocar was placed off the tip of the twelfth rib, it was 5 mm in diameter, for lateral traction on the kidney. It was dissected in its entirety. We came down to the renal hilum and identified the vein, then the gonadal vein. We circumferentially dissected the gonadal vein, clipped it, and then transected it. We created a plane lateral to the gonadal, elevating the ureter down to the iliac vessels. We turned our attention back to the renal hilum to circumferentially dissect the artery and vein. There was a single artery and a single vein. These were circumferentially dissected. We lysed all lateral and posterior attachments. Up to this point the patient was well hydrated, she received 25 mg of Mannitol and had good urine output. A 6 cm horizontal midline incision was made at the pubic hairline and fascia was incised longitudinally. A 15 mm trocar was placed through this. Through this, an endo-GIA was passed. The ureter was taken, then the artery, then the vein. The specimen was placed in an endocatch bag, removed and prepared for kidney donation, immediately blanched with ice, treated with lactated Ringers. The midline incision was closed with #1 Maxon in a figure-of-eight fashion. The abdomen was reinsufflated, inspected for hemostasis, being sure to check the area of midline incision, the stump of the ureter, the stump of the gonadal, the bed of the kidney, and renal hilum, all

48

LA PUNZADA DE LA TRAICIÓN

Los profetas tendrán que lidiar con la traición más veces de lo que les importa. Lo último que David esperaba de Saúl era que su envidia abriera la puerta a la traición. La gente ama a un profeta cuando entra en escena. Sin embargo, como el profeta se da cuenta de más información, gana la lealtad de la gente o comienza a sobresalir, su presencia se vuelve incómoda.

En una de mis tareas de ministerio, el pastor amaba mi presencia, me llamaba frecuentemente para consejo y me hacía una parte integral del liderazgo. Pero a medida que se atrincheró en el pecado y la gente comenzó a apoyarse en mí para la dirección, lo que inicialmente había sido la admiración y el respeto se convirtió en desprecio y disgusto. Permitió que los poderes que me quitaran de mi asignación, y tuve que lidiar con la traición como todo el escenario comenzó a desentrañar. Su último comentario para mí fue, "Nunca tendré otro profeta en esta casa."

Muchas veces, sus asignaciones no son personas que dan la bienvenida a su presencia a largo plazo. Usted encontrará que cuando usted ha sido herido e incluso después de haber perdonado, todavía no puede sacudir la angustia de lo que pasó—constantemente repitiendo el incidente en su mente. Tal vez, usted está tratando actualmente con el dolor de la traición. Yo defino la traición como "la violación de una confianza expresada o percibida por una persona o personas en las que alguien confía". Recuerdo mi primer domingo en casa después de que mi asignación terminó. Una vez más, me rompió la traición de una relación muy estrecha.

A medida que maduré, aprendí que no tratar eficazmente el dolor de la traición puede resultar en un trauma emocional severo. La traición cambia la forma en que reacciona ante su entorno y las personas que lo componen, lo que dificulta el amor, la confianza y la conexión. Una vez que han sido traicionados, desarrollan el síndrome de "tirar el bebé fuera del baño". Es más seguro no tratar con la gente en absoluto que tomar el tiempo para llegar a conocer a alguien y correr el riesgo de ser herido de nuevo. Las emociones no resueltas en un profeta pueden saturar su ministerio con odio y desconfianza. Las mismas personas a las que has sido llamado a servir son las mismas personas a las que te resististe.

El lado más profundo de la traición es la auto-traición. Proyectar y empujar nuestras heridas hacia afuera y permanecer en el camino de "lo que me hicieron" es muy fácil de hacer. Es mucho más difícil tratar con "lo que ME hice a mí mismo". Si no puedes confiar en nadie más, seguramente debes ser capaz de confiar en ti mismo. Pero, ¿qué pasa si ni siquiera puedes confiar en ti mismo?

Creo que es crucial después de cada asignación para evaluar la eficacia de usted estaba en hacer su trabajo. En esa asignación, me sentí saboreando la posición de ser parte de una multitud tan influyente. Como resultado, comencé a traicionarme porque no me estaba adhiriendo al código de ética que se requiere para un profeta. Yo no estaba involucrado en un pecado atroz, pero yo estaba comprometiendo mi posición por ser demasiado estrechamente unido. Un compañero profeta me envió un correo electrónico que decía: "Dios dijo que no se acerque demasiado a esas personas porque su Dios es su vientre".

El remedio para la traición es recordar por qué te enviaron. Mantener este antídoto a plena vista le aislará de la traición sin y dentro. Judas traicionó a Jesús, pero Jesús estaba tan concentrado en Su asignación que Su respuesta a Judas fue *"Lo que haces, hazlo rápidamente"* (Juan 13:27).

49

ENTRENAMIENTO PROFÉTICO 101

El camino del rechazo al profeta es lo que yo llamo "Entrenamiento Profético 101". El rechazo, que es la vía para la vida profética, es un proceso que el profeta debe acostumbrarse rápidamente o esta abnegación puede destruirlo emocionalmente. La Biblia dice de Jesús en Mateo 13:57 (NVI) que *"Un profeta no es sin honor excepto en su propio pueblo."* Por lo general, aquellos con quienes un profeta sirve en la iglesia o los más cercanos a él lo rechazan a medida que su regalo madura.

Si no se siente cómodo y familiarizado con esta metodología de entrenamiento, la vida se volverá agotadora. Dios me mostró hace muchos años que, si usted está demasiado familiarizado con la gente, cambiará su mensaje basado en sus opiniones. Ustedes profetizarán lo que la gente quiere oír en lugar de lo que han sido llamados a hablar. El rechazo es un elemento necesario y crucial en el adiestramiento de un profeta porque el resultado es que no tendrá miedo de los rostros de la gente, y se mantendrá firme al declarar, *"¡Así dice el SEÑOR!"*

El abandono es la raíz y el rechazo es la manifestación. Profundamente arraigado en el rechazo es su percepción de quién es usted. Debido a que los profetas nunca encajan, abrazan una vida de soledad. Si un profeta no entiende que la llamada es solitaria, comenzará a creer que algo está mal con él. Si los sentimientos de rechazo pueden prosperar y florecer, los profetas creerán las mentiras del enemigo. El sentido de uno mismo del profeta, el amor, la aprobación y el afecto provienen de Dios, no de las personas.

Si un profeta no es cuidadoso, puede muy fácilmente quedar atado por un espíritu agradable a la gente. El autor, Bob Sorge, escribió: "La alabanza es alimento para Dios y veneno para el hombre". Debido al peso del mensaje, un profeta no puede ser común o familiar. Cuanto más cerca está la relación de un profeta con Dios, más distante se hace con la gente. El mensaje de un profeta no puede contener ninguna mezcla. La Escritura demuestra constantemente cuán solitaria puede ser la llamada profética. En general, los profetas tenían que ser convocados, y solían estar a solas. 1 Reyes 22 establece que, aunque el rey tenía los servicios de 400 profetas, Micaías estaba solo.

El rechazo no administrado puede ser la puerta de entrada para una miríada de espíritus que pueden llevar a un profeta a una vida de esclavitud. Aunque el rechazo puede ser doloroso, también puede ser el mayor aliado de un profeta. El rechazo evitará que se enreden en la multitud equivocada—no importa lo mal que quiera pertenecer. El rechazo de Noé por parte de sus compatriotas salvó a su familia y los posicionó para la promesa de Dios. ¿Y si a todos les hubiese gustado Noé, estuvieran de acuerdo con su misión y hubieran venido a ayudar? Esta sociabilidad probablemente habría tirado a Noé fuera de curso, y su asignación podría haber sufrido. El rechazo del hombre es la protección de Dios.

Si a la gente le gusta demasiado o si está colgando al borde de su asiento esperando a que alguien esté de acuerdo con usted, ha llegado el momento de reevaluar el poder de su ministerio. Si todo el mundo te ama, ten cuidado. Charles Spurgeon dijo, "La iglesia que el mundo ama es la iglesia que Dios aborrece." Lucas 6:26 registro, *"¡Ay de vosotros! cuando todos los hombres hablen bien de vosotros, porque así hicieron sus padres a los falsos profetas."* Si usted es un profeta y todos le gustan, es una señal segura de que el enemigo ha entrado en su campamento.

50

ENTENDER EL RECHAZO

Como se mencionó en el capítulo anterior, el rechazo es importante para el ministerio profético. Un profeta puede ser popular, pero la popularidad no se traduce en simpatía. El rechazo no es malo y puede ser el instrumento mismo que Dios está usando para proteger al profeta.

Saboteadores

A menudo, Dios quitará a alguien de tu vida al cual te niegas a renunciar. No significa que la persona es mala; Simplemente significa que esa persona es mala para usted. La revisión de Dios de nuestras vidas es aérea más que lineal. Él sabe a dónde vamos y lo que se supone que debemos hacer. Algunas personas pueden sabotear a dónde vamos en lugar de dónde estamos.

El Rechazo abre la puerta

El rechazo no administrado puede crear inseguridades profundas. La incapacidad de un profeta para hacer frente al rechazo temprano en la vida puede crear afectos desordenados para aliviar el dolor. Creo que los profetas, más que los que tienen otros dones, luchan con la inmoralidad sexual. Debes aceptar que no encajarás, y no puedes querer encajar tan mal que comprometas tu postura profética.

Un Espíritu Errante

Los profetas deben resistir la tentación de ser nómadas. Es importante que un profeta esté anclado en una casa. Si los sentimientos de rechazo no han sido sanados o manejados, usted se resistirá a la atracción de Dios para plantarle en una casa para que pueda crecer raíces profundas. Usted se desarraigará prematuramente. Si usted está sanado y está experimentando el rechazo de la gente alrededor de usted, evalúe si usted está en el lugar incorrecto. Jesús dio dones a los hombres (Efesios 4: 8), así que hay un elemento de las profecías del Nuevo Testamento que te acepta como una parte integral del ministerio.

Es el mensaje de Dios

Cuando Dios le pide que entregue una palabra, siempre hay una historia posterior. Por este tiempo, Dios ha establecido el escenario y ya ha estado tratando con esa persona. Las personas pueden ser muy resistentes porque no quieren cambiar; Ellos quieren alivio. Es esencial recordar que no te rechazan; Están rechazando el mensaje. Nuestra responsabilidad es plantar la semilla; Dios es el único que puede traer verdadero cambio en la vida de una persona.

Emociones Heridas

Si usted se siente constantemente rechazado, entonces tal vez usted no ha resuelto el tema de hijo-nave. Dios es tu Padre, y Él te ama con un amor eterno. Eres hijo primero y profeta segundo. Yo uso el término "hijo" porque es neutral de género, y se refiere a la herencia y la identidad. Cuando Jesús estaba cumpliendo sus deberes con el Espíritu Santo, Él dijo, *"No los dejaré como huérfanos"* (Juan 14:18, NASB).

Adherirse al Entrenamiento Profético

No puedes ser impulsado por las opiniones de la gente. Su mensaje no debe ser impulsado por si la gente le aceptará o no. El núcleo de su mensaje es su obediencia a Dios.

CURANDO LAS HERIDAS

El Profeta de los Profetas

Jesús dijo en Marcos 6: 4 (NVI), *"Un profeta no es sin honor excepto en su propio pueblo, entre sus parientes y en su propia casa."* Si Jesús fue rechazado, de la misma manera, también será usted rechazado.

Validación Profética

El rechazo persistente y no administrado le hará cuestionar la validez de su llamada. Como profeta, debes estar absolutamente seguro de que eres llamado y por quién. Tienes que resolver el hecho de que Dios te llamó—no el hombre. Jeremías 1:5 dice, *"Antes de formarte en el vientre, te conocí; Antes de que nacieras te santifiqué; Yo te ordené profeta a las naciones."*

Sincronización Profética

Ocasionalmente, Dios hará que la gente te rechace porque Él todavía no ha terminado contigo. Muchas veces, pensé que estaba listo hasta que Dios reveló otra área que necesitaba para abordar. Él no dejará piedra sin mover y desea su curación completa y plenitud. Una cojera espiritual sin control puede convertirse en una discapacidad permanente. La infección siempre se propaga más rápido que el tejido sano.

ADN Espiritual

Un tema común sobre el ADN se escucha frecuentemente en la iglesia. Como profetas, debemos asegurarnos de que nuestro ADN sea inmaculado y vacío de defectos. Al igual que la edición de genes se puede realizar en el natural, se puede hacer en el espiritual. Si continuamos liberando el ADN infectado y nos entrecruzamos, estamos cometiendo incesto espiritual y produciendo defectos y anomalías espirituales de nacimiento.

51

CARÁCTER SOBRE PODER

Usted puede ser un profeta funcional con un carácter pobre y cero autenticidades. Hemos sido llamados, no sólo como profetas, sino como creyentes a ser conformados a la imagen de Cristo, que es la predestinación de cada santo (Romanos 8:29). Este versículo me sugiere que el carácter es mayor que el poder. El poder sin carácter es un accidente que espera que suceda. He visto a hombres y mujeres poderosos de Dios destruir el núcleo mismo de algunos de los pueblos de Dios simplemente porque carecían de carácter. Quien eres en el púlpito debe ser congruente con quien eres fuera del púlpito. Autor Les Brown una vez compartió conmigo que uno de los mejores oradores de motivación que había visto, destruyó su carrera por lo que era cuando salió del podio.

El carácter ejemplar es lo que los profetas dejan atrás. La parte más importante del mensaje de un profeta es lo que se deja atrás cuando sale de una reunión. Cuando el profeta abandona al pueblo, es imperativo asegurarse de que se queden con la presencia de Dios —n su personalidad. Lo que deja espiritualmente es mucho más importante que lo que deja naturalmente.

La ley de la dinámica de fluidos determina que la estela de un barco es la región de flujo perturbado aguas abajo de un cuerpo sólido que se mueve a través del fluido o la condición dejado atrás cuando algo pasa. La estela de un barco cambia a medida que el barco gana impulso. Profeta, ¿a qué velocidad estás destruyendo o construyendo vidas?

Además, un profeta debe reconocer que la madurez espiritual y emocional son cruciales e importantes. Los profetas inmaduros tienen la tendencia a sobre-espiritualizar asuntos, lo que puede complicar un evangelio que es muy simple. Luchan con el estudio de la Biblia escrita porque viven y respiran la palabra *rhema* y pueden crecer muy aburridos simplemente leyendo. Como se mencionó en un capítulo anterior, la Palabra de Dios es la autoridad final sobre todo lo que el creyente dice y hace. Un profeta no puede profetizar aparte de la palabra.

Los profetas tienen una propensión a ser muy críticos, esto lo trataré en un capítulo posterior. Pero debido a que criticar es una de las debilidades de un profeta, debe estar enraizado y fundado en el amor. El fruto del Espíritu debe operar en la vida de un profeta más que nada. Basado en el daño que se puede hacer en el reino del espíritu a través del ministerio profético, el profeta, más que nadie, necesita tener un carácter excelente y caminar en el amor.

La moralidad, las cualidades mentales, la disposición, el temperamento, la naturaleza y la actitud abarcan el carácter. El carácter no es lo que haces sino lo que eres. Caminar hacia fuera los estándares que usted dice que usted sostiene es de vital importancia. La prioridad de un profeta es ser un hijo primero y un profeta segundo.

El Espíritu Santo me habló hace años y dijo, "No eres tu regalo." Su instrucción traza una línea muy definitiva entre quién soy como persona y lo que hago por el reino. Cuando un profeta comienza a pensar que lo que hace es quien es, entonces tendrá problemas. Cuando empieza a pensar que la gente viene a oírle y no a Dios, está pisando terreno peligroso. El ministerio es gratificante pero sacrificial. La profecía no es acerca de tocar al pueblo sino más bien de tener un encuentro con el Espíritu Santo.

Tu don es un mecanismo y vehículo que usas para avanzar el reino de Dios en la tierra. Tú, por otra parte, eres un hijo o una hija de Dios que se transforma continuamente en la imagen de Cristo mientras andas en obediencia a la Palabra. He visto a muchos profetas jóvenes cometer el error de pensar que están definidos por sus dones espirituales y, lamentablemente, pasan más tiempo desarrollando sus atributos espirituales que el desarrollo del carácter. Como cristiano, pasará toda una vida trabajando su salvación y crucificando su carne para que pueda ser útil al reino de Dios. Cuando usted interpreta mal el hecho de que su regalo y usted son los mismos, el orgullo puede establecer muy fácilmente y causar un daño tremendo a usted y el cuerpo de Cristo.

52

RECUPERÁNDOSE DE LA PENA

Debido a que he pasado los últimos treinta años trabajando en la industria de la salud, he visto los efectos devastadores de la pena perpetua, la depresión y la tristeza en la salud de una persona. La pena es "la respuesta de una persona a la pérdida".

Aunque el duelo es importante, debe haber un límite en cuánto al tiempo en que una persona se aflige. Cuando murió el profeta Moisés, el pueblo sufrió su muerte por treinta días —hasta que terminó el tiempo del llanto (Deuteronomio 34: 8). La Palabra también nos recuerda que el llanto puede durar una noche, pero la alegría viene por la mañana (Salmo 30: 5). Génesis 50 registra que el pueblo lamentó la muerte de Jacob (Israel) por setenta días. Dios también le recordó a Josué que Moisés estaba muerto (Josué 1:2).

Claramente, Dios no quiere que el dolor se convierta en un evento de por vida. Todo lo que muere debe ser afligido. Tal vez, no se asigna un período específico para el duelo, pero por los relatos bíblicos, el tiempo es corto y tiene un final. Los tiempos de duelo son necesarios, pero los sentimientos de duelo son temporales. El dolor tiene su propósito, pero también tiene sus límites. Procesar el dolor no es específico de los profetas, pero es un arma importante para ellos en su arsenal, ya que la vida profética puede ser caracterizada por la guerra severa, la soledad y la pérdida.

Personalmente, experimenté el dolor de una manera muy real cuando un ministerio en el cual había derramado mi alma, sudor y recursos me rechazó cuando comencé a caminar en mi vocación. Me di cuenta en ese momento, el amor de la gente es condicional, y sus sentimientos pueden cambiar muy rápidamente cuando se mueven en la responsabilidad profética. Llorar la pérdida de ese ministerio fue mucho más doloroso que perder a mi madre o mi hijo. Necesitaba varios años para sanar y llegar a un acuerdo con la devastación. Mi pena finalmente se convirtió en amargura y resentimiento. Creo que una de las razones por las que me tomó tanto tiempo para pasar por las etapas fue porque no me di cuenta que estaba en duelo. El ministerio era una nueva frontera para mí, y yo siempre había creído, hasta ese momento, que, si usted estaba haciendo el trabajo del Señor, la gente amaría y apreciaría sus esfuerzos ya que todos estamos trabajando en el mismo equipo.

David y Job son los niños con carteles para superar el dolor. 1 Samuel 30 registra la respuesta de David al ataque contra Ziklag. La ciudad había sido quemada, y todas las mujeres y niños capturados y transportados a otra tierra. David tristemente lamentó la pérdida de sus seres queridos. La Biblia dice, *"Entonces David y el pueblo que estaba con él levantaron sus voces y lloraron, hasta que no tuvieron más poder para llorar" (1Samuel 30:4).* El versículo 6 registra que la gente estaba tan afligida que querían apedrear a David hasta la muerte.

¿Cuál fue la respuesta de David? Él *"Se alentó en el SEÑOR su Dios"* (1 Samuel 30:6). Por lo tanto, una de las respuestas bíblicas a la pena es el estímulo. El prefijo *en* significa "desde dentro". David construyó su valor en el interior. No esperó a que alguien lo hiciera sentir mejor. Se hizo sentir mejor. La vida de Job es también un ejemplo bíblico de que una persona puede recuperarse de la pérdida y seguir floreciendo.

Es posible que nunca pueda reemplazar a una persona, un trabajo o un esfuerzo, pero puede honrar la memoria viviendo una vida plena. Dios está en el negocio de la restauración. Oí a un profeta decir: "Cuando la vida no te da todo lo que esperabas, Dios equilibrará los libros".

Otro componente clave para superar el dolor es entender la diferencia entre un proceso de duelo normal y equilibrado y un espíritu de dolor que tratará de unirse a la persona que lastima. Uno ayuda a la persona afligida a recuperarse de la pérdida con el paso del tiempo; El otro le hace declinar y hundirse más y más en un abismo de desesperación.

La amargura y la soledad a menudo se asocian con la raíz de la pena. El luto excesivo también prohíbe que nos movamos hacia adelante, y el dolor que se exteriorizaba ahora se vuelve hacia adentro. Puede manifestarse en algunos patrones de comportamiento muy destructivos, así como enfermedades. La promesa de Dios en tiempos de pérdida y dolor es Su consuelo (Isaías 61: 2, 3), y nuestro dolor terminará (Isaías 60:20).

Sin pasar por las fases apropiadas, una persona cortacircuitos en el proceso. En su libro, *On Death and Dying*, Elisabeth Kübler-Ross definió las cinco etapas del ciclo del duelo.[25]

Los ciclos o etapas del dolor son:

- Shock y negación
- Rabia
- Depresión y desapego
- Diálogo y Negociación
- Aceptación

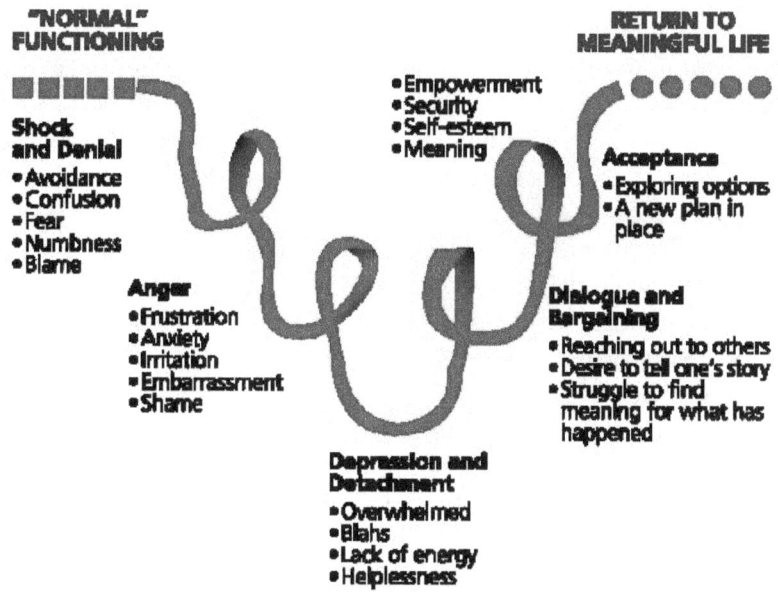

53

LA LIMPIEZA DE LOS SACERDOTES

El principio de la fuente de bronce es importante para que cada profeta entienda. Si un profeta no está limpio, será egoísta y egoísta. Él usará el cuerpo de Cristo para satisfacer sus necesidades espirituales, emocionales y financieras. Es probable que se familiarice con una novia que no le pertenece. Después de todo, la iglesia es la novia de Dios y no pertenece a un profeta.

El profeta Joel instó al pueblo de Israel a dejar de ser religioso y seguir rituales. Aunque Dios requiere obediencia, Él quiere una verdadera conversión interior. Ya no quería el comportamiento exterior de los hijos de Israel, sino que deseaba y mandaba una revisión interna. Joel clamó en el capítulo 2, versículos 12 y 13, *"Ahora, pues," dice el SEÑOR, "Volveos a mí con todo vuestro corazón, con ayuno, con lágrimas y llanto. Así que rasgad vuestro corazón y no vuestras vestiduras."* Dios está más interesado en un vaso limpio que Él está en un vaso ungido.

Muchos pastores hoy están enseñando sobre la gracia, pero la gracia no hace el mal algo correcto. La gracia es puesta a nuestra disposición a causa de nuestra debilidad humana, y Dios sabía que la necesitaríamos mientras continuamente desarrolláramos nuestra salvación.

La fuente de bronce era un lavabo lleno de agua en el tabernáculo del Antiguo Testamento, que tenía un patio interior y un patio exterior. La fuente de bronce se colocó directamente entre el Santo de los Santos y el altar de bronce donde todos los sacrificios fueron ofrecidos a Dios. El altar de bronce era un lugar muy ocupado, ya que miles de sacrificios se ofrecían anualmente a Dios. Los sacerdotes se lavaron después de las ofrendas de sacrificio en la fuente, y antes de entrar en el Lugar Santísimo, que representaba la presencia de Dios. La fuente de bronce era un lugar perpetuo de purificación para Aarón, sus hijos y sus descendientes.

CURANDO LAS HERIDAS

Entonces el SEÑOR habló a Moisés, diciendo: "Harás también una fuente de bronce, con su base de bronce, para lavarla. La pondrás entre el tabernáculo de reunión y el altar. Y pondrás agua en ella, porque Aarón y sus hijos lavarán sus manos y sus pies con agua de ella. Cuando entran en el tabernáculo de reunión, o cuando se acercan al altar para ministrar, para quemar una ofrenda encendida al SEÑOR, se lavarán con agua, para que no mueran. Así que, lavarán sus manos y sus pies, para que no mueran. Y les será estatuto perpetuo— **a** *él y a sus descendientes por sus generaciones. (Éxodo* 30:17-21)

Este principio sigue siendo aplicable a nosotros como sacerdotes del Nuevo Testamento. Nuestra limpieza es ahora desde dentro. Como profeta, usted todavía es parte del sacerdocio real y de la nación santa a la que Pedro se refirió en 2 Pedro 2: 9, y como sacerdote, la piedad, la santidad y la pureza no eran opcionales; La pena por no cumplir con estos requisitos fue la muerte.

Cada detalle en la Biblia era significativo. Un hecho interesante con respecto a la cuba de bronce: la cuenca estaba hecha de espejos que fueron donados a los artesanos mientras se fabricaba la fuente. Cada vez que los sacerdotes se acercaban a la fuente para limpiar sus manos y sus pies, se enfrentaban a su propio reflejo. Se vieron a sí mismos. El ministerio requiere que mires hacia adentro y luego hacia afuera. La santificación requiere que reconozcamos nuestros pecados y debilidades antes de reconocer los de otros.

54

LAS CRÓNICAS LEPROSAS

Y el SEÑOR dijo a Moisés: "Las siguientes instrucciones son para aquellos que buscan la purificación ceremonial de una enfermedad de la piel. Los que han sido sanados deben ser llevados al sacerdote, que los examinará en un lugar fuera del campamento. Si el sacerdote encuentra que alguien ha sido sanado de una enfermedad grave de la piel, realizará una ceremonia de purificación "(Levítico 14:1-4 NLT).

La lepra o la enfermedad de Hansen es una de las dolencias más antiguas conocidas por el hombre. Originalmente, el término se refiere a cualquier tipo de enfermedad de la piel. Era altamente comunicable y era el SIDA de su día.

El Dr. Paul Brand hizo el monumental descubrimiento de que la lepra, (también llamada Enfermedad de Hansen), es realmente la pérdida de sensación al dolor que hace que los pacientes sean susceptibles a las lesiones. Escuche lo que el Dr. Brand ha escrito, "La enfermedad de Hansen es cruel, pero no en absoluto como otras enfermedades. Actúa principalmente como un anestésico, entumeciendo las células del dolor de manos, pies, nariz, oídos y ojos. No tan mal, en realidad, uno podría pensar. La mayoría de las enfermedades se temen debido a su dolor - ¿qué hace que una enfermedad indolora sea tan horrible? La calidad entumecida de la enfermedad de Hansen es precisamente la razón por la cual se produce una destrucción y desintegración legendaria del tejido. [26]

Es interesante que la incapacidad de sentir dolor hizo que la víctima fuera susceptible a las lesiones. Espiritualmente, esta espantosa enfermedad puede causar un daño espiritual increíble porque impide que la gente se conecte a su dolor emocional. Si usted no puede hacer esto, sus emociones nunca se curan porque usted sigue repitiendo ciclos negativos causando cada vez más daño.

CURANDO LAS HERIDAS

Un leproso es un símbolo de la contaminación espiritual. El Antiguo Testamento contenía estrictas pautas bíblicas para tratar con una persona infectada para evitar que la población se contaminara. Como resultado, los heridos de lepra fueron expulsados a colonias leprosas. En el Nuevo Testamento, el mismo principio se aplicaba. Históricamente, los heridos tuvieron que ser sacados de la población general hasta que fueron restaurados, y su curación fue confirmada por el sacerdote principal (Levítico 22:4). Este principio debe aplicarse a los líderes leprosos. Permitirles continuar en el ministerio es imprudente. Es el mismo principio de dormir con tantas personas como puedas, sabiendo que tienes SIDA.

Un enfoque primordial del ministerio de Jesús era curar la lepra, que, a los ojos de la cultura, era la enfermedad más mortífera. En Lucas 5: 12-14, Jesús extendió su mano y ordenó al hombre "¡Sé limpio!" Significativo a la cultura de hoy es el permitir que los profetas infectados conduzcan. Dado que el llamado de un profeta necesita ser sancionado y confirmado por un hombre, debe hacerse un mejor trabajo para confirmar el verdadero arrepentimiento del individuo, como lo demuestra su estilo de vida y su carácter.

Los profetas, tanto el pasado como el presente, están muy involucrados en el manejo de las culturas y sociedades. Por ejemplo, el profeta Samuel habló a Elí y cortó su linaje porque se negó a disciplinar a sus hijos. Dios es muy serio acerca de los profetas que abordan los problemas que impiden a los creyentes. Ignorándolos y escondiéndolos es pecado.

55

LAS OFENSAS VENDRÁN

La palabra "ofensa" viene de la palabra griega skándalon, que significa "el gatillo de una trampa (el mecanismo que cierra un dispositivo sobre una víctima desprevenida, haciendo imposible la fuga); (Figurativamente), poniendo una relación causa-efecto negativa en movimiento."

En Lucas 17: 1 (RV), Jesús dijo: *"ofensas vendrán."* La palabra es plural, sugiriendo que es un evento recurrente —no un ataque de una sola vez. Usted será ofendido muchas veces a través de su vida y ministerio, y aprender cómo manejar estos delitos es importante. Los profetas pasan la mayor parte de su ministerio en el calor de la batalla, ya sea privado o público. Debido a esa guerra, el enemigo siempre está tratando de desacreditar a un profeta y hacerle ineficaz.

Si no tenemos cuidado, podemos dejarnos fácilmente ofendidos por las acciones de otros. Tratar con el espíritu de la ofensa. Los delitos crean emociones negativas que te mantienen unido a las personas que no tienen derecho a estar en tu vida. Dios quiere que usted avance, pero es difícil hacerlo si se siente ofendido. ¡Sé lo suficientemente valiente como para no pedirle a Dios que te busque, sino *que le* permita que te busque!

El manejo de ofensas fue, con mucho, una de las lecciones más difíciles que he tenido que aprender. Tuve que disciplinar y entrenar mis emociones para no hacer que los problemas de las personas fueran mis problemas. Si alguien no me quiere sin razón aparente que no es mi problema; Habla más de lo que hay dentro de esa persona. Durante la redacción de este libro, tuve dos ataques repentinos que eran imprevistos e inesperados. Dios me dio la oportunidad de ser victorioso y frustrar el ataque enemigo a través del perdón.

Lo siguiente es una palabra profética que el Señor me dio en la primavera de 2012, pero creo que es aplicable a los profetas y al cuerpo de Cristo en general: el enemigo siempre está trabajando diligentemente para llevarte al lugar de la ofensa, pero No podemos manejar esto como lo hicimos el último. Tratar con él y resolver la puntuación rápidamente ya que demasiado está en juego en esta dimensión. ¡El objetivo no es internalizar el asunto porque no es personal! No queremos que el enemigo siembre raíces de amargura, rechazo, duda y falta de perdón en nuestras vidas porque nos negamos a manejar el ataque con prontitud.

Has pasado demasiado por estancarse o perder terreno. *Gran paz tienen los que aman la ley de Dios, mandamientos y estatutos*; absolutamente nada los ofenderá o los hará tropezar (Salmo 119:165). El propósito múltiple de una ofensa es hacerte perder la fe, tentarte a pecar, desviarte del rumbo, hacerle tomar una ruta que no tomarías en circunstancias normales y te haría perder de vista la meta.

Los delitos casi siempre se manifiestan en el punto de gran transición; Por desgracia, tantas veces en el pasado hemos perdido nuestras oportunidades porque "mordimos el cebo". Si han estado presionando en el reino y honrando a su Dios, están indudablemente progresando, sin importar lo que parezca. Pablo dijo, *"Porque una gran puerta y eficaz me es abierta, y hay muchos adversarios"* (1 Corintios 16:9, RV), y en Gálatas 5:7 (NVI), el declaro, *"Estabas haciendo una buena carrera. Quien te corto."* El contraataque es ¡PRENSIONAR! La palabra "presionar" significa "ejercer un peso constante o fuerza contra; Soportar, influir, como por argumentos insistentes; Importune o suplicar, poner énfasis en; Enfatizar, avanzar con avidez; Empuje hacia adelante." Paul dijo, *"Me presiono hacia la meta para el premio del llamado de Dios hacia arriba en Cristo Jesús"* (Filipenses 3:14). ¡Dios le ha prometido un pago por riesgo! Usted recibirá "doble por su esfuerzo" (Isaías 61:7).

56

LÍNEAS BORROSAS

La palabra "santo" se menciona en la Nueva Versión King James de la Biblia 576 veces y la palabra "santidad" se menciona 34 veces. Es un hilo teológico que recorre toda la Biblia y es uno de los atributos inmutables de Dios. Como profeta de Dios, la santidad no es una opción sino un mandamiento. La palabra hebrea para santo es *qodosh* que significa "ser consagrado, separado, distinto, diferente, inmaculado, libre de pecado, puro, moralmente inocente y sin reproche". La palabra griega es *hagios*,[27] que irrevocablemente significa "exclusivamente Suyo". ¿Podemos afirmar honestamente sin ninguna incertidumbre que somos totalmente Suyos? ¿O somos como los hijos de Israel jugando a la ramera? Levítico 20:26 expresa dos hechos inmutables: 1) Dios es santo, y 2) ha separado a su pueblo por esta misma razón. Porque Dios es santo, no necesita nada fuera de sí mismo para validar su existencia.

El single más vendido y más polémico de 2013 fue *Blurred Lines* de Robin Thicke, que es la filosofía hedonista de esta cultura actual. Esta generación no participará en ninguna actividad que les imponga límites o restrinja su comportamiento. Este tren de pensamiento post-modernista evita la premisa de la verdad absoluta. Para ellos, todo es aceptable. Sólo existe una línea fina entre lo aceptable y lo prohibido, incluso en la iglesia y en el púlpito. Las líneas están borrosas entre nuestra sexualidad, el matrimonio, el mundo y la iglesia, la religión, la política y cualquier otro principio definitorio.

El mundo ya no desea la distinción, sino que prefiere la *fluidez*, la "libertad de ser quienes son, lo que hacen, dónde van y cómo viven". La iglesia ya no desea justicia, sino actividades religiosas que les permiten reclamar el nombre de Cristo, pero vivir como el mundo. Nuestra cultura espiritual anhela profunda retórica teológica e ignora la Palabra infalible, inmutable e irrefutable de Dios. Dios nos mandó a ser santos como Él es santo en 1 Pedro 1:15.

CURANDO LAS HERIDAS

En 2 Corintios 6:17, los creyentes son amonestados a, *"Salid de entre ellos y quedad separados."* Y para aquellos que siguen esta directiva, Dios añade, *"Te recibiré."* La implicación es que, si usted se niega a separarse del mundo, entonces Él lo rechazará y se negará a reclamarlo como Suyo. Jeremías 15:19 dice *"Si vuelves, te devolveré; Tú estarás delante de mí; Si sacas lo precioso del vil, serás como mi boca."*

Matthew Henry dijo, *"La manera de preservar la cara de la iglesia es preservar su santidad y pureza."* El clamor de los profetas siempre ha sido la justicia, la santidad, la santificación y la consagración. Nuestros mensajes no cambian ni son templados por la cultura posmodernista en la que vivimos.

Incrustado en cada función profética es el llamado a separar al pueblo de Dios a Sí mismo, que es donde Israel no escuchó las voces de los profetas. Llevaban a cabo las formalidades externas del templo, los servicios diarios, el ritual y la liturgia. Adoptaron las formas y las vestiduras, pero la vida interior no correspondía al exterior. El grito constante de los profetas les recordaba que el estandarte de Dios seguía vigente. Sigue siendo la voz de uno que llora en el desierto: *"Preparad el camino del Señor"* (Mateo 3:3).

57

CORRECCIÓN DIVINA

Después de cumplir quince años en una iglesia, fui cogido desprevenido cuando Dios me dijo que era hora de seguir adelante. Mi siguiente asignación fue un ministerio de inicio, el cual fue respaldado por una de las parejas más influyentes en Hollywood. En unos tres años, la iglesia creció de un puñado de personas a más de 3.000 asistentes. Mi familia nos enrollamos nuestras mangas espirituales y una vez más comenzó a servir y conectar con la gente. Debido a que la pareja que respaldaba a la iglesia eran notables figuras de Hollywood, el "quién es quién" de entretenimiento empezó a llegar.

Fui nombrada directora del ministerio de los obreros del altar y tuve la oportunidad de ministrar, enseñar, poner manos a la obra y llevar a Cristo a alguna de las élites de Hollywood. Como estaba atrincherada en el servicio, recibí el siguiente correo electrónico de un profeta compañero en quien confío:

> Hace unas semanas, estabas en mi sueño. Luego, unos días después de ese sueño, volví a tener el mismo sueño, ¡y el sueño era RECORDARLE QUIÉN ERES! Usted es una PROFETA, una VIDENTE, y la instrucción de Dios para usted NO debe ser "común" con la "nueva" multitud a la que ha estado expuesto porque comprometerá su posición como profeta. No importa la multitud o el círculo de amigos que ingrese, no debe renunciar a su posición como profeta. No se deje impresionar por su estatus o por sus nombres — porque Dios va a usarlos para "juzgar al pueblo", y debido a esto, no pueden ser "amigos" de ellos.
>
> Dios le dio una ruptura "profética" donde el manto no era pesado ni una carga, pero ese tiempo ha terminado. Un yugo nuevo se colocará en usted para la carga de las personas que ha encontrado. Si intentas ser amigo de ellos, encajar con ellos

o ser como ellos, tu regalo no será de utilidad para el reino. Pues, aunque estás en el mundo, no eres de él. También, tenga cuidado con lo que permite a lo que sus hijos estén expuestos. No todo lo que parece bueno es bueno. Estas personas adoran a "otros dioses" (su carrera, dinero y estatus), pero Dios no puede ser "otro" dios para ellos. ¡Él es el único Dios vivo, y eso es TODO! 2 Timoteo 3: 5 (GW), *"Parecerán tener una vida piadosa, pero no dejarán que su poder los cambie. Manténgase alejado de esas personas."*

Lamentablemente, el pastor eventualmente se involucró en el pecado y la iglesia se disolvió completamente un par de años más tarde. Entendí entonces que Dios me estaba corrigiendo y poniendo orden a mi percepción sesgada de dónde estaba y el propósito de por qué estaba sirviendo. Proverbios 20:30 dice, *"Los golpes que hacen daño limpian el mal, al igual que las rayas de las profundidades interiores del corazón."* (En este versículo, las profundidades interiores del corazón literalmente significan "las habitaciones del vientre".) Es importante establecer el hecho de que Dios ciertamente corregirá a Sus profetas. La corrección del Señor es una inevitabilidad en la vida de un profeta. Sin ella, Él no podría llamarnos hijos (Proverbios 3:11).

Aprender a distinguir entre la condenación y la corrección es importante. Con tanta frecuencia luchamos con sentimientos de condenación cuando Dios comienza a corregir. Además, muchos jóvenes profetas encuentran difícil distinguir entre la corrección de Dios y las acusaciones del enemigo. El apóstol Pablo escribió en Hebreos 12: 6 (NVI), *"Porque el SEÑOR disciplina al que ama, y disciplina a todo el que acepta como su hijo."*

Entonces, ¿cómo distinguir entre los dos? Romanos 8: 1 (AMP) dice, *"Por lo tanto, ahora no hay condenación [ningún veredicto de culpabilidad, ni castigo] para aquellos que están en Cristo Jesús [que creen en Él como Señor y Salvador personal]."* La corrección usa la Palabra para hacernos cincelar a la imagen de Dios. La condenación, por otra parte, estropea la imagen de Dios y produce culpa y vergüenza. La corrección se basa en el comportamiento que viola la Palabra de

CURANDO LAS HERIDAS

Dios. La condenación es un falso sentido de culpabilidad que está diseñado para criticar y castigar a sus presas.

Primero, debemos entender que Dios no usa Su Palabra para condenarnos, sino para corregirnos. En segundo lugar, Su Palabra nos asegura que la verdad está diseñada para establecer la libertad. Por último, la Palabra es usada para liberarnos de cualquier pecado que mora en nosotros (Juan 8:32). El deseo de Dios es que florezcamos; El deseo de Satanás es que perezcamos.

Dios tratará duramente de corregir a Sus profetas debido a la magnitud en la cual impactan a la iglesia. El enemigo, por otra parte, agitará fervientemente a los profetas para silenciar la voz profética. Un profeta pasará su vida en el altar del Señor bajo un escrutinio de ojos de águila. Permanece en el rumbo y pasa tiempo con el Espíritu Santo para que puedas distinguir entre la voz de Dios y el enemigo.

58

UN ESPIRITU DE RABIA

No puedes confiar en los profetas enojados. Son inestables y muchas veces permiten que sus emociones obtengan lo mejor de ellos. Interactuar con estos individuos es una disciplina constante de caminar en cáscaras de huevo. Ellos usan la ira para manipular a la gente y obtener lo que quieren. En el interior, se rompen en un millón de piezas y la ira es la única emoción que se sienten cómodos expresando. Eclesiastés 7: 8-9 dice, *"El fin de un asunto es mejor que su principio; La paciencia del espíritu es mejor que la altivez del espíritu (orgullo). No tengas ansia en tu corazón de estar enojado, Porque la ira habita en el corazón de los tontos."*

Los profetas pueden tener una propensión a estar muy frustrados y fácilmente enojados. El manto profético es pesado, y el profeta ve tantas cosas sucediendo en el reino espiritual que, muy posiblemente, crea impaciencia en la naturaleza. También creo que la ira es un problema porque el mensaje del profeta no siempre recoge las acciones humanas que son necesarias para llevar a una persona a la voluntad de Dios. Por ejemplo, si Dios me pide que hable con una persona acerca de su bebida, y él se niega a prestar atención y muere por complicaciones relacionadas con el alcoholismo, ¿era incorrecta la palabra o simplemente escogió no obedecer? Un profeta debe recordar que los resultados son de Dios, y su única responsabilidad es ser obediente. Un profeta no puede querer más para la gente de lo que quiere para sí mismo.

Moisés, el profeta, luchó con la ira durante todo su ministerio debido a la falta de fortaleza espiritual de los hijos de Israel. Su ira le costó, y Dios no le quitó a Moisés del anzuelo (Números 20:11, 12). En la historia, la ira hirió a Moisés—no las personas.

La ira es un problema serio, pero la marca de un profeta saludable es la responsabilidad emocional. Efesios 4:26 (RV) recuerda a cada creyente, *"Sed enojados, y no pequéis; no se ponga el sol sobre vuestra ira."* La ira en sí misma no es peligrosa; Son las acciones incontroladas las que son perjudiciales. La Escritura nos advierte que ni siquiera debemos hacer amigos con las personas que luchan con esta emoción no resuelta. Proverbios 22:24 (RV), *"No hagas amistad con un hombre enojado; Y con un hombre furioso no irás."*

La ira también puede ser la rama de las heridas del pasado, la injusticia y la culpa. Los problemas no resueltos hacen que la presión se acumule en el alma de una persona, que eventualmente explota cuando un daño similar a una lesión pasada se dispara. Si usted lucha con este problema, puedo recomendar un libro que escribí llamado Get to the Root of It: una guía para la curación emocional. Este libro aborda el hecho de que asumimos que los asuntos no resueltos en nuestro pasado no tendrán influencia en nuestras futuras relaciones y cómo este pensamiento es defectuoso.

Otras razones subyacentes de la ira son el dolor del rechazo y las falsas acusaciones. Como ya he mencionado, los profetas tratan con una abundancia de rechazo y no son la gente más querida en el ministerio porque pueden exponer los motivos equivocados de las personas y las malas intenciones. Esta dinámica puede crear angustia entre las personas con las que está interactuando, especialmente si no entienden los asuntos espirituales o no están dispuestos a cambiar. He tenido varios encuentros en el mercado donde sabía que a una persona no le agradaba simplemente por mi don espiritual. Muchos no sabían cuál era el problema; Simplemente reconocieron que algo de mí los agitaba.

Porque me he condicionado a caminar en el amor y representar a Dios donde quiera que esté, la injusticia que sentí produjo ira, resentimiento y amargura en mí. Una compañía era tan abusiva que no podía esperar a salir de allí. Estaba haciendo más de seis cifras y tenía excelentes beneficios, pero no podía soportar el tratamiento humillante por más tiempo. Después de más de una década de servicio, supe que había llegado el momento de que yo siguiera adelante. También sabía que tenía que perdonar a esas personas antes de irme; Dios no iba a dejarme irme antes de eso. Puedo decir que la cólera todavía estaba presente, pero la gente estaba completamente perdonada. He tenido que recordarme constantemente que la justicia es asunto de Dios—no mía. 1 Pedro 3: 9 (NVI) dice, *"No pagues el mal con el mal o insultes con el insulto. Por el contrario, pagad el mal con bendición, porque para esto fuisteis llamados para que podáis heredar una bendición."*

TERCERA PARTE

LECCIONES APRENDIDAS

Ciertamente el Señor Dios no hace nada, a menos que revele Su secreto a Sus siervos los profetas (Amós 3:7)

59

EL CREDO DEL PROFETA

Somos una nueva generación de profetas no atados o atrapados por la religión. Por la infalible Palabra de Dios, estamos derribando toda estructura religiosa que está manteniendo al pueblo de Dios en servidumbre.

Adoramos al Dios verdadero y vivo. Mientras adoramos, somos victoriosos sobre las influencias demoníacas, silenciamos los vientos contrarios y accedemos al poder de Dios (Salmo 8:2).

Creemos que somos soldados en el ejército de Dios y ninguna arma en el arsenal enemigo puede destruir nuestro avance (2 Timoteo 2:3).

Creemos en el poder de la conexión y la supervisión profética. Entendemos que es más importante en lo que nos encontramos que en lo que estamos (Hechos 13:2, 3).

Creemos que nuestras palabras tienen poder y cada obstáculo que enfrentamos se derrumbará como los muros de Jericó (Josué 6:20).

Creemos que nada puede compararse con la eficacia de la sangre de Jesús. Es una fortaleza formidable y un escudo impenetrable que nos limpia incluso de las más profundas manchas (Hebreos 10:22).

Creemos que un regalo por sí solo no crea un bastión para un gran liderazgo. Más bien, el gran liderazgo es el subproducto de un corazón de integridad y convicción personal justa (Salmo 78:72).

Creemos que la sanidad del cuerpo, alma y espíritu es nuestra prioridad. Declaramos que llevaremos una vida justa y santa con fortaleza y

LECCIONES APRENDIDAS

dedicación. Entendemos que Jesús sangró por el pueblo y no por el pueblo (3 Juan 1:2).

Creemos que Dios es movido sólo por el consejo de Su Palabra. Él es soberano en la medida en que no puede ser motivado a hacer el bien o el mal (Salmo 103:19).

Creemos que el camino hacia el reino es la era y el ventilador. Los deseos carnales que obstaculizan la fluidez en el espíritu deben ser cortados de su fuente de vida (Lucas 3:9).

Creemos que Dios es un manantial de vida que nos permite vivir nuestros días con vigor y tenacidad (Juan 4:14).

Creemos que nuestra responsabilidad como embajadores de Cristo es asegurar la presencia de Dios para el pueblo para que Él pueda maximizar el momento (Isaías 61:1).

Creemos que los dones del Espíritu fueron depositados en nosotros para la sanción del ministerio. Declaramos que el Espíritu Santo fluirá a través de nosotros en poder y autoridad (1 Corintios 12:8-10).

Creemos que Dios nos está fortaleciendo para vivir vidas que son agradables a Él. Declaramos que estamos comprometidos a frenar el comportamiento pecaminoso ya entender que el pecado nos hace impotentes (Eclesiastés 10:1).

Declaramos que no ofreceremos fuego extraño a Dios, y nuestra adoración es aceptable y un aroma dulce a sus fosas nasales (Levítico 9:22–10:2).

Creemos que la iglesia más eficaz es aquella en la que la gente abraza el poder sanador de Dios y está plenamente comprometida con la obra del reino (Mateo 11:12).

LECCIONES APRENDIDAS

Declaramos que no deseamos las cosas de este mundo y que sólo la presencia de Dios es satisfactoria y suficiente (1 Juan 2:16).

60

LECCIONES APRENDIDAS

La historia es el mejor maestro. Los profetas de la Biblia eran personas reales, aunque, a veces, pueden parecer personajes ficticios. Las escrituras dicen, *"Porque todo lo que fue escrito en el pasado fue escrito para enseñarnos, para que a través de la perseverancia enseñada en las Escrituras y del estímulo que nos brinden, podamos tener esperanza"* (Romanos 15:4, NVI). Sería absurdo ignorar las lecciones que estos hombres y mujeres de Dios han enseñado. Su compromiso y dedicación al plan divino de Dios no puede ser descontado. De hecho, los profetas vivieron en un mundo muy diferente de aquel en el que vivimos hoy, pero los principios ministeriales de Dios están eternamente establecidos, inalterados por las tendencias o avances tecnológicos.

Entonces, ¿qué se puede aprender de los profetas de la Biblia? ¿Debemos comenzar de cero o podemos construir en una plataforma ya establecida? Como empresaria, sé que intentar reinventar la rueda es menos que prudente. Preferiría operar un negocio sobre principios que ya han sido probados. En los capítulos restantes, las vidas de algunos de los profetas que caminaron antes de nosotros serán exploradas. ¿Cuál era su misión? ¿Qué migajas de pan nos dejaron para recoger y seguir?

61

HOMBRE NÚMERO DOS DE DIOS: AARON

El nombre, T. W. Wilson, es uno que es virtualmente desconocido. Wilson dejó un próspero ministerio para desempeñarse como ayudante ejecutiva de Billy Graham durante décadas. En su libro autobiográfico *Just As I Am*, Billy Graham recuerda varias veces al lector que el ministerio de la Asociación Evangélica Billy Graham fue y sigue siendo un esfuerzo de equipo. De los que trabajaron con él, escribió, "Los dedicados hombres y mujeres que trabajan con nosotros han estado dispuestos a hacer cualquier cosa y todo."

En su libro *Leading with Billy Graham: The Leadership Principles and Life of T. W. Wilson*, Jay Dennis dijo de T. W. Wilson, "T. W. se convirtió la mano derecha cuyo consejo sabio y servicio dedicado permitió que el ministerio de Billy Graham floreciera. T. W. Wilson pasó a impactar grandemente el mundo con su servidumbre humilde, con propósito."

Moisés y Aarón fueron el primer dúo dinámico profético. Dios llamó a Moisés, y Moisés se negó porque no sentía que su capacidad natural era suficiente para administrar la llamada. *"Entonces Moisés dijo al Señor: 'Señor mío, no soy elocuente, ni antes ni desde que hablaste a tu siervo; Pero soy lento de habla y lento de lengua'"* (Éxodo 4:10). La respuesta de Dios a la resistencia de Moisés fue que él recibiera a su hermano Aarón (Éxodo 4:14, 15). El ministerio es un esfuerzo de equipo, y ninguna persona puede tener éxito en el cumplimiento de la llamada de Dios sin un equipo de individuos calificados. Supongo que Aarón tenía sus propios sueños que no incluían seguir a su hermanito. Su sumisión al plan de Dios es una lección invaluable para cada creyente. Ser el segundo hombre no significa tener la menor unción.

Este mundo social impulsado por los medios de comunicación que empuja a cada persona a ser su propio jefe, ser una marca y para ser el líder del grupo puede muy bien estar creando los líderes lisiados.

LECCIONES APRENDIDAS

Por lo tanto, usted debe resistir la tentación de ser el centro de atención si usted está llamado a ser segundo.

62

COMPROMETIDO CON LA LLAMADA: AHÍAS

Jeroboam fue uno de los benefactores de la infidelidad de Salomón a Dios. El profeta Ahías declaró a Jeroboam que Dios iba a arrancar el reino de las manos de Salomón y le daría diez tribus — si andaba en los caminos de Yahweh (1 Reyes 11:31). Jeroboam ignoró la profecía de Ahías y llevó al pueblo a la idolatría.

Al igual que el sistema político de hoy en día, las personas que ayudan a conseguir una persona elegida para el cargo disfrutar de los frutos de su trabajo. En lo natural, Ahías fue el catalizador de la promoción de Jeroboam, que podría haberle dado un lugar especial en el corazón y el reino de Jeroboam. Pero Ahías estaba comprometido con la llamada. Independientemente de las ventajas, él podría haber recibido, su primer compromiso fue a la instrucción original de Dios.

La Biblia contiene muchos casos de hombres que no quieren escuchar la verdad del profeta de Dios. En su lugar, eligieron profetas que les dijeran exactamente lo que querían oír.

A medida que la vida avanzaba, el hijo de Jeroboam se enfermó. Desesperado, Jeroboam envió a su esposa disfrazada con un regalo de miel y pan para consultar al profeta (1 Reyes 14: 1, 2). En este tiempo, Ahías estaba ciego (1 Reyes 14: 4), pero el Señor informó a su profeta de su venida. El mensaje de Ahías fue duro para que la reina oyera: *"Cuando tus pies entren en la ciudad, el niño morirá"* (1 Reyes 14:12).

Se pueden aprender dos lecciones de la vida del profeta Ahías. A veces, es muy fácil que un profeta se apegue emocionalmente a las personas a quienes él ministra y para que se unan al profeta. Cuando la vida de una persona se altera drásticamente por la palabra profética, generalmente desarrolla una afinidad natural. El mensaje de Ahías no dependía de lo que sentía por Jeroboam; Más bien, tenía que transmitir el mensaje que Dios había mandado. Un profeta no puede permitirse permitir que sus emociones obstaculicen su asignación.

LECCIONES APRENDIDAS

En segundo lugar, en sus años más antiguos, el profeta Ahías no podía ver y no tenía el lujo de confiar en su entorno natural. Permitirse ser influenciado por las expresiones en las caras de la gente o las distracciones naturales puede ser fácil. Dios mandó hablar a Jeremías y no temer a los rostros del pueblo (Jeremías 1:8).

63

COMPLETAMENTE CARGADO: ABRAHÁN

"Y Jehová había dicho a Abrahán: Sal de tu tierra, de tu familia y de la casa de tu padre, a una tierra que te mostraré" (Génesis 12: 1). No sólo Dios le pidió a Abrahán que se moviera, sino que también cambió su nombre. En ese día, cambiar su nombre podría haber sido equivalente a cambiar su número de teléfono celular hoy. Algunas personas se van a perder en la transición.

De los relatos bíblicos, Abrahán no miró hacia atrás cuando obedeció la voz de Dios. La Biblia nunca menciona si alguna vez volvió a ver a su familia. El ministerio profético no es seguro, y muchas veces, estarás en entornos que te sacarán de tu zona de confort.

Un estudio de la historia de Abrahán deja la impresión de que Abrahán y Lot estaban vagando por el desierto solo. De hecho, he tenido ese pensamiento muchas veces. Pero Dios hizo provisión para la partida de Abrahán; No dejó a Harán con las manos vacías ni solo. Génesis 12: 5 dice, *"Se fueron."* Se fue con su esposa, su sobrino, todas sus posesiones y el pueblo que habían adquirido. Una mujer me dijo algo que nunca he olvidado: "La voluntad de Dios, la cuenta de Dios."

64

EL PODER DE LA SUPERVISIÓN PROFÉTICA: ÁGABO

¡El avivamiento estaba estallando en Antioquía! Chipre y Cirene declaraban las buenas nuevas del evangelio a los helenistas. Hechos 11:21 dice, *"La mano del Señor estaba con ellos, y un gran número creyó y se volvió al Señor."* La presencia de Saúl fue requerida para administrar la obra, y enseñó a los creyentes durante un año entero. A medida que la iglesia en Antioquía crecía, Dios asignó la supervisión profética.

Hechos 11:27 y 12:10 menciona las frecuentes visitas del profeta Ágabo a Antioquía. En una de las visitas del profeta a la iglesia en Antioquía, declaró por el Espíritu que un hambre venía sobre toda la tierra habitada. En su declaración, los santos en Antioquía fueron movidos para proveer para sus hermanos y hermanas en Judea. Hechos 11:29 registros, *"Entonces los discípulos, cada uno según su habilidad, decidieron enviar alivio a los hermanos que moraban en Judea."* La supervisión profética no sólo es importante para gobernar el cuerpo de Cristo sino también para desencadenar la provisión (2 Crónicas 20:20).

65

LISTO PARA MOVER: AMÓS

Dios se preocupa por lo que sucede en una nación. Se preocupa por la explotación de los pobres y la corrupción política. Durante el reinado del rey Jeroboam, el pueblo estaba experimentando una gran riqueza, que atribuían a las bendiciones de Dios, aunque este tipo de riqueza era el producto de la injusticia social.

La mayoría de los historiadores están de acuerdo en que los profetas generalmente ministraban en sus propios países, pero Dios envió a Amós, un ciudadano de Jerusalén, a través de la frontera para abordar la devastación del reino del norte. Amós salió de la jaula balanceándose, y volvió ese país al revés. El sacerdote Amasías le dijo al rey Jeroboam, *"La tierra no puede soportar todas sus palabras"* (Amós 7:10).

Amós estaba cuidando su propio negocio en su propio país. Él estaba criando ovejas y cuidando de sicómoros en Tekoa cuando Dios aparentemente lo arrestó. *"Entonces el SEÑOR me tomó como yo seguía el rebaño, y el SEÑOR me dijo: "Ve, profetiza a mi pueblo Israel"* (Amós 7:15). Amós no era un profeta profesional ni era parte de una compañía profética (Amós 7:14). Era un profeta del mercado que ganaba la vida. Algo intangible acerca de Amós capturó la atención de Dios y le hizo pasar por alto a los profetas del día. Debido a su carácter, Dios sabía que podía confiar en Amós para entregar el mensaje sin compromiso.

Me resulta difícil creer, sin embargo, que Amós no haya hablado ya con Dios sobre este problema. Él ya era un defensor de la justicia social porque su nombre significaba "portador de carga". Yo personalmente creo que Amós se estaba preparando para este mismo día.

La historia de Amós me recuerda un relato que leí sobre un zapatero que tenía una carga para la nación de la India. Todas las mañanas antes de comenzar el trabajo, él se encontraba en el mapa de la India y oraba por la nación. Un día iba a trabajar como lo hacía normalmente, y Dios le dijo: "Hoy es el día". Cerró su tienda, se dirigió a la India y pasó años declarando las buenas nuevas del evangelio y ganando muchos conversos.

Hacia el final de mi carrera corporativa, yo luchaba todos los días porque mi corazón estaba en otro lugar, pero sabía que tenía que ser fiel a la tarea a la mano. Dios entiende tu carga porque Él te la dio. Esperar en su tiempo es igual de importante. Empaca tus maletas y prepárate cuando llame.

66

MAGULLADO, PERO NO ROTO: ANA

Ana era una profetisa anciana que servía a Dios día y noche con ayunos y con oración (Lucas 2:36). Las escrituras dicen que ella nunca salió del templo. Ana era una mujer en una misión, pero no era una mujer corriente. Ella era la hija de Fanuel de la tribu de Aser. La tribu de Asher era conocida por ser extremadamente rica. Moisés dijo, *"Asher es muy bendecido de hijos; Que sea favorecido por sus hermanos, y moje su pie en aceite. Tus sandalias serán de hierro y de bronce; Como tus días, así será tu fuerza"* (Deuteronomio 33:24, 25). Además de su riqueza, las mujeres de la tribu de Asher eran conocidas por ser hermosas y en la demanda de matrimonio.

Aunque Ana era una hermosa mujer de medios con un pedigrí estelar, estaba viuda y sola. Una boda judía, iniciada por un acuerdo contractual de doce meses entre ambas familias, fue una empresa significativa y una ocasión gloriosa. Sólo la fiesta de bodas duró siete días. Imagínense lo emocionada que estaba Ana y cómo había planeado una larga y fructífera unión sólo para ser viuda después de siete años de matrimonio.

Los primeros años de vida de Ana se caracterizaron por la guerra y la opresión nacional como lo fue la vida de otro devoto y justo hombre de Jerusalén llamado Simeón. Los judíos, en ese momento, estaban anticipando el consuelo de Israel o la venida del Mesías. El Espíritu Santo había revelado a Simeón que no moriría hasta que hubiera visto al Mesías.

Así que, vino por el Espíritu al templo. Y cuando los padres trajeron al Niño Jesús, para hacer por él conforme a la costumbre de la ley, lo tomó en sus brazos y bendijo a Dios y dijo: "Señor, ahora estás dejando a tu siervo partir en paz, Tu palabra; Porque mis ojos han visto tu salvación que preparaste ante la faz de todos los pueblos, luz para traer revelación a los gentiles, y gloria de tu pueblo Israel (Lucas 2:27-32).

LECCIONES APRENDIDAS

Ver al niño de Cristo fue probablemente la segunda ocasión más importante en la vida de Ana; Ella podía presenciar la profecía cumplida. Estoy seguro de que el plan de Ana no era pasar gran parte de su vida sola en un templo, pero creía en las promesas de Dios. Su deseo era ver la Palabra cumplida y ver al Mesías negar todo el dolor y angustia que había sentido a través de los años. Ana estaba magullada pero no rota.

67

DIOS HONRA JUSTICIA: DANIEL

La justicia de Dios es un hilo recurrente en toda la Biblia y uno de Sus atributos definitorios. El Salmo 7:11 dice que Él es el juez justo. También se encuentra en la escritura Dios recompensa la disposición de un hombre. 2 Samuel 22:21 dice, *"El SEÑOR me recompensó conforme a mi justicia; De acuerdo con la limpieza de mis manos Él me ha recompensado."* Hemos escuchado la palabra "justos" muchas veces, pero ¿qué significa realmente ser justos? La palabra viene de la palabra griega *dikaios*,[28] que significa "observar las leyes divinas o recto, impecable, inocente e inocente". La justicia se ve en la persona que observa las leyes divinas de Dios. Daniel era un hombre.
Muchos de los hechos del profeta Daniel son muy familiares. La mayoría de la gente sabe que fue condenado a la guarida de un león; Ayunó y oró durante 21 días, y fue intérprete de sueños. Sin embargo, Dios vio algo más profundo en Daniel; Vio a un hombre justo que deseaba ser diez veces mejor. La justicia significa "la aprobación judicial de Dios." Dios honra a los que andan rectos delante de Él. Dios usó a Daniel como un ejemplo de justicia al profeta Ezequiel.

> *Vino a mí la palabra de Jehová, diciendo: "Hijo de hombre, cuando una tierra peca contra mí con perseverante infidelidad, extenderé mi mano contra ella; Cortaré su provisión de pan, enviaré hambre sobre ella, y cortaré a hombres y bestias de ella. Incluso si estos tres hombres, Noé, Daniel y Job estuvieran en él, ellos sólo se entregarían a sí mismos por su justicia",* dice el Señor *DIOS* (Ezequiel 14:12-15).

Dios aprecia nuestro servicio y dedicación al trabajo. La gente está agradecida por el ministerio de un profeta, pero la justicia es lo que distingue a un profeta de todo el resto.

68

LA DAMA PRINCIPAL DE DIOS: DÉBORA

Después de la muerte de Josué, los israelitas estaban todavía acusados de derrotar a los cananeos, honrando así el pacto que habían hecho con Dios. Siguiendo el liderazgo de Josué, el Señor nombró a líderes militares clave llamados jueces.

Deborah, la única mujer nombrada como juez, era esposa, juez y profetisa. Fue nombrada por Dios para ser un comandante y un jefe sobre el ejército de Israel. Deborah entra en escena después de que Israel una vez más hizo lo malo ante los ojos de Dios. Los hijos de Israel estaban bajo la opresión de Jabín, rey de Canaán, y el comandante de su ejército Sísara. Deborah estableció su oficina bajo un árbol entre Betel y Ramá, donde los israelitas le pidieron orientación.

Un día, probablemente siguiendo una visión de Dios, convocó a Barak de su casa en Kedes para reunir un ejército de diez mil hombres para llevarlos al monte Tabor (Jueces 4: 6). Barak estuvo de acuerdo, pero vaciló en subir sin ella. Jueces 4: 8 registros, *"Y Barac le dijo: Si quieres ir conmigo, yo iré; Pero si no quieres ir conmigo, ¡no iré!"* Así como el pueblo de Israel había confiado en el liderazgo de Deborah, Barak también lo hizo (Jueces 4: 5). Cuando el ejército se dispuso a derrotar a Sísara, Deborah le informó que no recibiría ningún reconocimiento, pero Dios entregaría a Sísara en manos de una mujer (Josué 4: 9, 10). ¡Qué maravillosa escena, Deborah, Barak, y diez mil hombres poderosos que los siguieron mientras marchaban hacia el monte Tabor!

El ejército de Sísara fue derrotado sobrenaturalmente, y no quedó ni un soldado del ejército enemigo. Sísara huyó y acabó en la tienda de Jael, la esposa de Heber. Jael le dio un lugar para dormir, una cálida taza de leche, y una vez que se durmió, le dio una estaca a través de la sien. El evento se desarrolló exactamente como Deborah había profetizado. Dios comenzó la batalla con una mujer y terminó con una mujer.

    La Biblia identificó por primera vez la función de Deborah y luego su estado civil. Esta orden es muy importante ya que es difícil para una mujer conducir sin el apoyo de su esposo. Deborah era una figura prominente en su día, y la gente confió en su capacidad de la dirección. En esta sociedad patriarcal, una mujer fue identificada en relación con su marido. Este escenario bíblico plantea la pregunta: ¿cómo puede una mujer en el ministerio tener éxito en una vocación dominada por los hombres?

    Aunque Debora tenía la autoridad de Dios para dirigir, ella todavía tenía que ganar la lealtad de los hombres. Creo que la clave para que una mujer siga siendo una voz relevante es entender su posición como mujer. Podemos conducir con éxito con gracia y sin desacreditar la autoridad masculina. Jackie McCullough, un conocido pastor y líder espiritual, se le hizo la pregunta: "¿Los hombres tienen un problema con tu ser en el ministerio?" Ella respondió: "No, porque no trato de ser un hombre." La feminidad no es un signo de debilidad sino un signo de poder.

69

AGOTAMIENTO MENTAL: ELÍAS

Uno de los mayores enfrentamientos en la historia bíblica involucra a Elías en el Monte Carmelo estableciendo la partitura con los falsos profetas que comieron en la mesa de Jezabel. Él les emite una acusación formal en 1 Reyes 18:21: *"¿Cuánto tiempo vas a vacilar entre dos opiniones? Si el SEÑOR es Dios, síguelo; Pero si Baal, síguelo."* Pero el pueblo no le respondió palabra. El Dios que respondió por el fuego ganó y los 450 profetas de Baal fueron ejecutados por la espada. Acab le contó a su esposa Jezabel lo que Elías había hecho. Su sirviente entonces le dio un mensaje a Elías. *"Por lo tanto, permitir que los dioses me hagan, y más aún, si no hago tu vida como la vida de uno de ellos para mañana alrededor de este tiempo"* (2 Reyes 19:1). Cuando Elías vio el mensaje de Jezabel, se puso temeroso, se desmoronó emocionalmente y corrió para salvar su vida (1 Reyes 19: 4). Dios había derrotado a 450 profetas de Baal en la mano de Elías, pero no podía manejar a una mujer llamada.

    Este escenario enseña sobre el poder de la guerra psicológica. Elías se encogió bajo una amenaza. 1 Pedro 1:13 amonesta al creyente a *"Por tanto, ceñid los lomos de vuestra mente, y sed sobrios."* La palabra "ceñir" literalmente significa "prepararse para moverse rápidamente". La prenda del profeta no le permitió participar en la batalla. Para facilitar el movimiento, recogerían el tejido sobre sus rodillas y lo meterían en su cinturón. 1 Reyes 18:46 es una representación de Elías que cose encima de su ropa: *"Entonces la mano de Jehová vino sobre Elías; Y ceñió sus lomos y corrió delante de Acab a la entrada de Jezreel."* Elías era fuerte en su unción, pero emocionalmente gastado. La salud mental y el descanso son imprescindibles para un profeta porque la batalla después de la batalla es la que puede derrotarlo.

70

PLAN DE SUCESIÓN DE DIOS: ELISEO

El escenario está cambiando constantemente, y como el último batallón de generales deja el escenario, es importante identificar a aquellos que recogerán el manto y correrán con él. Muchos de los ministerios de hoy ni entienden el poder de la sucesión ni entienden la responsabilidad de elegir un líder que está equipado para la llamada.

Después de la gran final de Elías, Dios le dice que establezca el siguiente equipo ministerial en su lugar. Las instrucciones de Dios fueron las siguientes:

Ve, vuelve en tu camino al desierto de Damasco; Y cuando llegues, unge a Hazael como rey sobre Siria. También ungirás a Jehú hijo de Nimsi como rey sobre Israel. Y Eliseo, hijo de Safat de Abel Meolá, ungirás como profeta en tu lugar. El que escapa de la espada de Hazael, Jehú matará; Y el que escapa de la espada de Jehú, Eliseo matará (1 Reyes 19:15-17).

Elías obedeció al Señor y encontró a Eliseo que estaba arando en un campo y arrojó su capa sobre él (1 Reyes 19:19). Tirar su capa sobre los hombros de otra era simbólico de transferir el manto profético. Eliseo estaba posicionado, capaz y ya estaba manejando una responsabilidad. Podría haber tirado la capa y rechazado la invitación de Elías. La única petición de Eliseo era despedir a sus padres porque sabía que sería mucho tiempo antes de que los volviera a ver. La Biblia dice que siguió a Elías y lo sirvió (1 Reyes 19:21). No tenía ni idea de lo que implicaba su nueva responsabilidad, pero estaba ansioso por aprender. También comprendió que el manto de Elías no era suyo hasta que el profeta murió.

El ministerio profético es importante para el continuo y progresivo movimiento de la iglesia. Elija personas capaces que sean responsables, dispuestas a servir y deseosas de aprender a caminar en su lugar.

LECCIONES APRENDIDAS

71

ENTREGANDO UN MENSAJE DIFÍCIL: EZEQUIEL

Algunos mensajes son más difíciles de transmitir que otros. A Ezequiel se le dio la tarea de decirles a los hijos de Israel que volvían a la esclavitud, pero que Dios los libraría un día. Imagínese contarle a sus padres, hermanos, hijos o amigos más cercanos, "Vas a pasar tu vida en cautiverio." El mensaje de Dios a Israel se encuentra en Ezequiel capítulo seis:

> *En verdad, yo mismo, traeré una espada contra ti, y destruiré tus lugares altos. Entonces tus altares serán desolados, tus altares de incienso serán quebrantados, y yo derribaré a tus muertos delante de tus ídolos. Y pondré los cadáveres de los hijos de Israel delante de sus ídolos, y esparciré tus huesos alrededor de tus altares. En todas tus moradas serán destruidas las ciudades, y los lugares altos serán asolados, para que tus altares sean destruidos y desolados; tus ídolos sean quebrantados y cesados, y tus altares de incienso cortados, y sus obras pueden ser abolidas. Los muertos caerán en medio de ti, y sabrás que yo soy el SEÑOR* (Ezequiel 6:3-7).

Stephen N. Miller escribió: "Algunas escenas en Ezequiel son horripilantes —con la escritura simbólica a veces más allá de la comprensión. Por estas razones, algunos rabinos prohibieron el libro para cualquier persona menor de 30 años."[29]

Dios es tan serio acerca de Su mensaje, que ni siquiera permitirá que la gente se lamente. Como un ejemplo simbólico del mensaje enfático de Dios, Él quita el amor de la vida de Ezequiel y le prohíbe derramar una lágrima. Dios instruye a Ezequiel:

> *Y vino a mí la palabra de Jehová, diciendo: Hijo de hombre, he aquí que yo te quito el deseo de tus ojos de un solo golpe; Sin embargo, ni lamentaréis ni*

lloraréis, ni lloraréis vuestras lágrimas. Suspirar en silencio, no hacer luto por los muertos; Ata tu turbante sobre tu cabeza, y pon tus sandalias en tus pies; No cubras tus labios, y no comas el pan de dolor del hombre. Así que hablé a la gente por la mañana, y por la tarde mi mujer murió; Y la mañana siguiente hice como me mandaron (Ezequiel 24:15-18).

Nunca podremos evitar las dificultades del ministerio profético. El mensaje de Dios debe tener precedencia sobre nuestro miedo o reputación. Yo estaba asistiendo a una iglesia hace unos años, y soñé un horrible sueño de que el pastor fue apuñalado. Me desperté emocionalmente sacudido. En ese momento, supe que la iglesia estaba en problemas, y ese mensaje fue uno de los más difíciles que he tenido que entregar. Debido a que el pastor se negó a arrepentirse, una iglesia en el precipicio del cambio y la promesa se dobló completamente. Dios no es un mentiroso y se mantendrá por la palabra que Él entrega.

LECCIONES APRENDIDAS

72

UNA CLAVE PARA EL GRAN LIDERAZGO: GAD

David fue ordenado por Dios a no realizar un censo de la gente. Dios no da su razonamiento para prohibir esta cuenta, pero requiere la obediencia de David a sus instrucciones. 1 Crónicas 21:1 dice, *"Entonces Satanás se puso en pie contra Israel, y movió a David para que contara a Israel."* Como resultado, el Señor envió un ángel que, con sus manos extendidas, mató a 70.000 hombres. Debido al pecado de David, el Señor envió un mensaje al vidente personal de David, Gad:

> *Cuando David se levantó por la mañana, vino la palabra de Jehová al profeta Gad, vidente de David, diciendo: Ve y dile a David: Así dice el SEÑOR: Te ofrezco tres cosas; Elige uno de ellos para ti, para que yo te lo haga." Entonces, Gad vino a David y le dijo; Y le dijo a el: ¿Acaso vendrán siete años de hambre en tu tierra? ¿O huirás tres meses delante de tus enemigos mientras te persiguen? ¿O habrá tres días de plaga en tu tierra? Ahora consideren y vean qué respuesta debo devolverle a El que me envió* (2 Samuel 24:11-13).

David es una figura central en la historia bíblica y hasta comprendió el principio de rendición de cuentas. Cuando haya alcanzado el pináculo de su éxito, es fácil pensar que la única voz que necesita escuchar es Dios. Cada gran líder necesita una voz profética, especialmente una voz que no tenga miedo de enfrentar a la gente y decirles la verdad.

Como asistente personal de David, estoy seguro de que este pronunciamiento era difícil para Gad de entregar, pero él estaba obligado a decir la palabra del Señor a David. No se dejó intimidar por el liderazgo o la posición de David porque comprendió que su responsabilidad era para Dios primero.

73

NO ES JUSTO: HABACUC

El libro de Habacuc se abre con el profeta interrogando a Dios acerca de lo que está sucediendo en su nación.

> *Oh Señor, ¿hasta cuándo lloraré, y no oirás? Incluso clama a ti, "¡Violencia!" Y no salvarás. ¿Por qué me muestras la iniquidad, y me haces ver problemas? Porque el saqueo y la violencia están delante de mí. Hay conflictos, y surge la discusión* (Habacuc 1:1-3).

Habacuc está al final de su ingenio con Dios. Está completamente frustrado por la injusticia, la violencia y la destrucción que sucede y no puede entender por qué Dios no está haciendo nada sobre la situación.

Muchas veces, un profeta tendrá que ver a personas inocentes, incluyendo a sí mismo, ser maltratados. Generalmente no entenderá por qué Dios está aparentemente tomando Su tiempo en abordar el asunto. Esta aparente indiferencia por parte de Dios es probablemente una de las mayores frustraciones de un profeta. ¡El pecado exaspera a un profeta y el portavoz de Dios quiere justicia inmediata!

Independientemente de la frustración de un profeta, es de vital importancia recordar que Dios no ignora el pecado, y Él responde de la siguiente manera:

> *No te engañes por causa de los malhechores, ni tengas envidia de los obradores de la iniquidad. Porque pronto serán cortados como la hierba, y se marchitarán como la hierba verde. Confía en Jehová, y haz el bien; Así habitarás en la tierra, y en verdad serás alimentado. Deléitate también en el SEÑOR, y él te concederá los deseos de tu corazón. Entrega tu camino a Jehová; Confía también en él; Y él lo hará pasar* (Salmo 37:1-5, RV)

En Habacuc 1: 2, el profeta recuerda a Dios su santidad para persuadirlo a que se mueva rápidamente.

LECCIONES APRENDIDAS

Tú eres de ojos más puros que para contemplar el mal, y no puedes ver la maldad. ¿Por qué miráis a los que traicionan, y retenéis vuestra lengua cuando el impío devora a una persona más justa que él? (Habacuc 1:13).

La paciencia es el mayor activo de un profeta porque Dios se moverá en Su propio tiempo a su manera.

74

TRABAJANDO EN TANDEM: HAGEO Y ZACARÍAS

¡Dios ama a un buen equipo! Aunque los profetas tienden a trabajar solos, es mucho más rentable unir sus recursos y energía para hacer el trabajo.

Después de 50 años de exilio, 50.000 judíos regresaron a casa sólo para encontrar el templo en ruinas. En su regreso inicial, reconstruyeron la fundación, pero debido a los cambios en la arena política, el edificio fue detenido. La palabra del Señor a Hageo reprendió a los hijos de Israel. "*Entonces la palabra de Jehová vino por medio del profeta Hageo, diciendo: ¿Es hora de que vosotros viváis en vuestras casas cargadas, mientras esta casa de Jehová está en ruinas?*" (Hageo 1:3, 4, AMP). Esdras 5: 1 y 2 revelan que Hageo y Zacarías unieron sus fuerzas.

> *Entonces el profeta Hageo y Zacarías hijo de Iddo, profetas, profetizaron a los judíos que estaban en Judá y en Jerusalén, en nombre del Dios de Israel, que estaba sobre ellos. Entonces se levantó Zorobabel, hijo de Sealtiel, y Jesúa hijo de Jozadac, y comenzó a edificar la casa de Dios que está en Jerusalén; Y los profetas de Dios estaban con ellos, ayudándoles.*

En lo natural, el ministerio profético puede ser víctima de la envidia y de los celos. La humildad debe estar entretejida en el tejido de una casa profética para evitar la competencia.

LECCIONES APRENDIDAS

75

UNA CASA EN ORDEN: HEMÁN Y SAMUEL

La Ley exigía que David organizara a los sacerdotes en 24 divisiones para que pudieran cumplir con sus deberes (1 Crónicas 23: 28-31), pero no se especificó ninguna disposición en la Ley concerniente a los músicos del templo. 1 Crónicas 23: 4 y 5 registran lo siguiente:

> *De éstos, veinticuatro mil debían ocuparse de la obra de la casa de Jehová, seis mil oficiales y jueces, cuatro mil guardias, y cuatro mil alabaron a Jehová con instrumentos musicales, "que yo hice", dijo David, "Para dar alabanza."*

David apartó a los hijos de Asaf, de Hemán y de Jedutún, que profetizaban con instrumentos de cuerda, arpas y platillos. Hemán fue el padre de catorce hijos y tres hijas, todos ellos bajo la dirección de su padre con respecto a la música de la casa (1 Crónicas 25:5). Hemán era el vidente del rey, que equivale al título de profeta. Como el nieto de Samuel, Hemán era miembro de una aristocracia profética. Como padre de una familia tan grande, era el líder de la familia ideal. Nada es más noble que un hombre que entrena a sus hijos para servir al Señor.

Los profetas de hoy deben recordar no dejar atrás a sus hijos cuando su ministerio profético se expande. Samuel y su hijo primogénito Joel son ejemplos perfectos de un padre y un abuelo que protegen el legado de su familia (1 Crónicas 6:33).

76

OBEDIENCIA POCO COMÚN: OSEAS

Una vez más, Dios se había encolerizado por la prostitución de Israel, tanto espiritual como naturalmente.

Escuchad la palabra del SEÑOR, hijos de Israel, porque el SEÑOR hace acusación contra los habitantes de la tierra: "No hay verdad, ni misericordia, ni conocimiento de Dios en la tierra" (Oseas 4:1).

En Oseas 2:2, Dios no sólo le recordó a Israel acerca del estado actual de sus relaciones, sino que también presentó cargos contra Su pueblo: *"Traiga cargos contra su madre, traiga cargos; ¡Porque ella no es mi esposa, ni soy su marido! Dejó de guardar sus prostituciones, Y sus adulterios de entre sus pechos."*

Entre sus ofensas figuraban el coito con las prostitutas del templo, la idolatría, el asesinato, el adulterio, la mentira y el robo. La misericordia de Dios nunca deja de sorprenderme. Aún después de todo lo que los hijos de Israel le han hecho pasar, Él siempre está preparado para traer la restauración.

Generalmente, cuando Dios habló a un profeta, Él le ordenó que entregara un mensaje con Sus listas de demandas. Cuando Dios habló a Oseas, cuyo nombre significaba "él ha liberado", su primera misión era casarse con una prostituta. Oseas fue instruido no sólo para casarse con ella, sino para tener hijos con ella. Dios dijo, *"Vete, toma de ti una mujer de prostitución e hijos de prostitución, porque la tierra ha cometido gran prostitución, alejándose del SEÑOR"* (Oseas 1:2). El ministerio profético es desafiante, pero ser comisionado y usado por Dios es un honor. ¿Te imaginas el corazón de Oseas hundido en su pecho?

Dios habló, y Oseas fue. Él eligió Gomer que era conocido por ser una prostituta en esa región. Se casaron y tuvieron dos hijos cuyos nombres representaban el mensaje de Dios a Su pueblo. Por la palabra del Señor, toda la familia de Oseas estaba a punto de convertirse en un espectáculo público para que Dios probara un punto.

Comprensiblemente, el negocio de la prostitución florece basado en el número de clientes que ella entretiene, así que Gomer probablemente continuó en su profesión, convirtiéndola en adúltera. Dios una vez más pone un cargo sobre Oseas para reclamar a Gómer de su vida anterior para mostrar a los hijos de Israel lo que Él estaba dispuesto a hacer por ellos (Oseas 3:1-5).

Debido a que la historia de Oseas es tan extrema, los historiadores encuentran el relato problemático y carecen de veracidad literal, en lugar de creer que es una parábola. Es difícil imaginar que Dios exigiría una orden tan alta de un individuo común, pero Oseas estaba ciertamente preparado para la tarea y debía ser aplaudido por su rara obediencia.

77

UN PROFESIONAL CONFIABLE: HULDAH

Jerusalén se dividió en cuatro cuartos, y Huldah residió en el segundo trimestre con su marido Shallum que era un guardián del guardarropa. No se sabe nada de la genealogía de Huldah, pero operó durante el reinado del rey Josías, declarando el juicio de Dios y su misericordia (2 Reyes 22:16-20). Durante ese período de tiempo, los profetas fueron frecuentemente buscados en tiempos de angustia para que pudieran saber cuál era la voluntad de Dios.

El nombre de Huldah se deriva de la palabra hebrea Chuldah que significa topo.[30] El topo es un mamífero que vive predominantemente bajo tierra. Debido a que Huldah es la única profeta femenina mencionada durante este tiempo y que tenía conocimiento de información clasificada, tuvo que vivir una vida de discreción. Algunos Biblicistas creen que Huldah posiblemente sirvió como un profeta oficial de la corte. En particular, la piedra de la puerta de Huldah es el único remanente restante de la entrada original del templo.

El rey envió a Safán, el escriba, Hilquías, el sacerdote, y otros a Hulda, para buscar consejo divino sobre asuntos del estado (2 Reyes 22:14 y 2 Crónicas 34:22). Para que el rey les enviara a sus líderes de confianza, tenía que ser una mujer de carácter. Podía frenar su lengua, y no era un chisme.

El ministerio profético requiere un alto nivel de integridad. Puesto que un profeta estará al tanto de información sensible, él debe tener control sobre su lengua. Proverbios 10:19 dice, *"En la multitud de palabras no falta el pecado, pero el que controla sus labios es sabio."*

78

ESCRITURAS PROFÉTICAS: NATHAN, SHEMAIAH, AHIJA, ABIJAH E IDDO

Uno de los mayores hallazgos arqueológicos del siglo XX fue el descubrimiento de los Rollos del Mar Muerto en Wadi Qumran. La unción de los escribas ha sido crucial para preservar la exactitud y relevancia histórica de la Biblia. Un documento no se considera históricamente válido porque un grupo de mentes inteligentes dicen que es; La evidencia arqueológica y la autoridad del manuscrito deben ser verificados. El número de manuscritos disponibles hace más fácil recrear el original.

La Ilíada de Homero, que es una de las obras más tempranas de la literatura occidental, muestra el sangriento relato de la Guerra de Troya. A pesar del valor histórico de este libro, sólo unos pocos más de 1.800 manuscritos están disponibles. En el momento en que se documentaron estos números, había 66.362 manuscritos disponibles para autenticación tanto para el Antiguo como para el Nuevo Testamento.[31]

Un *escriba* era "un oficial designado en el gabinete del rey y responsable de guardar los registros reales". Un aspirante a ser un escriba tenía que pasar por un entrenamiento riguroso. El libro de vídeo y televisión de A&E sobre los rollos del Mar Muerto articula lo siguiente:

> El antiguo arte de la caligrafía bíblica está vivo y bien en manos de los *escribas*, los escribas que producen los rollos de la Torá hebrea y otros escritos religiosos. Aprender a ser escriba requiere un riguroso estudio y entrenamiento. Además, para dominar el arte de la caligrafía y las puntuaciones de las letras y símbolos utilizados en el alfabeto hebreo, el *sofer* debe estar bien informado acerca de los cientos de leyes relativas a la composición y el

manejo de un rollo de la Torá y otros textos religiosos. Debido a que el rollo de la Torá contiene el nombre de Dios y sus palabras, el manuscrito debe ser escrito con devoción y pureza, y el *sofer* debe ser piadoso y de carácter sano.[32]

La unción de los escribas es un elemento clave del ministerio profético. Las siguientes referencias a las Escrituras demuestran cómo estos profetas registraron la historia bíblica.

El resto de los hechos de Salomón, primero y último, ¿no están escritos en el libro de Natán el profeta, en la profecía de Aías, el silonita, y en las visiones de Iddo vidente acerca de Jeroboam hijo de Nabat? (2 Crónicas 9:29).

Los hechos de Roboam, primero y último, ¿no están escritos en el libro de Semaías el profeta, y de Iddo el vidente acerca de las genealogías? Y hubo guerras entre Roboam y Jeroboam todos sus días (2 Crónicas 12:15).

El resto de los hechos de Abías, sus caminos y sus dichos están escritos en los anales del profeta Iddo (2 Crónicas 13:22).

Exactitud y prestar atención a los detalles era obligatorio. Si el escriba cometió un error, esto invalidaba todo el documento hasta que era corregido. Además de tener una responsabilidad tan pesada, los escribas también tenían que ser santos. El apóstol Pablo escribió, *"No, golpeo mi cuerpo y lo convierto en mi esclavo para que después de haber predicado a otros, yo mismo no sea descalificado por el premio"* (1 Corintios 9:27, NVI). Un escribano ni siquiera podía recoger una pluma sin poseer un carácter santo. La validez de su ministerio fue mucho más allá de un regalo. Donar sirve a una nación, pero la santidad lo preserva.

LECCIONES APRENDIDAS

79

PREPARACIÓN DEL MINISTERIO: ISAÍAS

El libro de Isaías se abre con él viendo una visión del juicio inminente de Judá y la futura restauración. Sin embargo, la experiencia de Isaías en el trono cambia el curso de su ministerio profético. El profeta tuvo un encuentro divino con la santidad y la soberanía de Dios. La representación de Isaías de su visión dice lo siguiente:

> *En el año en que murió el rey Uzías, vi al Maestro sentado en un trono— ¡alto, exaltado! — y el tren de sus ropas llenó el Templo. Ángel-serafín rondaba sobre él, cada uno con seis alas. Con dos alas, cubrieron sus caras, con dos sus pies, y con dos volaron. y llamaron uno tras otro, Santo, Santo, Santo es el Dios de los Ejércitos. Su brillante gloria llena toda la tierra. Los cimientos se estremecieron ante el sonido de las voces de los ángeles, y luego toda la casa se llenó de humo (Isaías 6:1-5, MSG).*

He conocido a muchas personas que han dicho que han visto ángeles. Nunca descartaré la experiencia religiosa de una persona, pero cuando veo lo entusiasmados que están con el encuentro, ese comportamiento no se alinea con los relatos bíblicos. Después de la experiencia de Isaías, estaba confundido por la presencia de los ángeles:

> *Oh, no ¡[Ay de mí]! Yo seré destruido [estoy arruinado/ condenado]. Yo no soy puro [un hombre con labios inmundos; Esto es, espiritualmente indigno], y yo vivo entre gente que no es pura [con labios sucios], mas he visto al Rey, el Señor Todopoderoso [Omnipotente; de los ejércitos celestiales; De los ejércitos] (Isaías 6:5, EXB).*

El primer encuentro de un profeta con Dios muestra cómo está mal preparado para el ministerio y cuánto necesita la santificación de Dios para administrar la llamada. Por esa sola razón, creo que tanta gente huye del ministerio; Simplemente no se sienten dignos.

LECCIONES APRENDIDAS

Los serafines recogieron un carbón caliente, purificaron la boca de Isaías por el fuego y le dijeron: *"Su iniquidad fue quitada, y su pecado fue purgado"* (Isaías 6:7). La vida de Isaías revela que tener una llamada simplemente no es suficiente. Dios lo llamó, se reunió con él, lo limpió y lo envió. Si un profeta se va sin la purificación, los viejos pecados y hábitos regresarán a su vida y su ministerio en Dios será de corta duración. Un profeta todavía puede estar operando una iglesia o un ministerio para-eclesiástico, pero tener esa posición no significa que Dios está todavía con él.

LECCIONES APRENDIDAS

80

NUNCA ERES DEMASIADO JOVEN: JEREMIAH

Jeremías es sólo uno de una serie de profetas que deben corregir la constante rebelión de Israel. Cuando Dios llamó a Jeremías, trató de disuadir a Dios de hacerlo: *"¡Sosténgalo, Amo DIOS! Mírame. No sé nada. ¡Sólo soy un niño!"* (Jeremías 1:6, MSG). En lugar de responder con desdén, Dios le envió un mensaje de consuelo, dejando a Jeremías saber que Él entendió. La respuesta de Dios a Jeremías fue la siguiente:

No digas: "Sólo soy un niño." Te diré a dónde ir y tú irás. Te diré qué decir y lo dirás. No tengas miedo de un alma. Estaré allí mismo, cuidándote (Jeremías 1:7, 8, MSG).

Entonces Dios tocó la boca de Jeremías y dijo:

¡Mira! ¡Acabo de poner mis palabras en tu boca—entregadas a mano! ¿Ves lo que he hecho? Te he dado un trabajo que hacer entre las naciones y los gobiernos—¡un día en rojo! Tu trabajo es levantar y derribar, desmontar y demoler, y luego comenzar de nuevo, la construcción y la plantación (Isaías 6:7-10, MSG).

Notablemente, Jeremías fue uno de los profetas que profetizaron durante el reinado del rey Josías. Josías fue el rey más joven en gobernar a Judá. Después del asesinato de su padre, asumió el trono a la tierna edad de ocho años. A Josías se le atribuyó la reforma de la estructura religiosa de Judá. Él pasó por las ciudades y destruyó los altares que habían sido erigidos a ídolos (2 Reyes 23:19, 20).

Joven profeta, no permita que su edad le impida ser un recipiente que Dios pueda usar. La validez de su ministerio no es la edad sino la mano de Dios sobre usted. Pablo le dijo a Timoteo, *"No dejes que nadie te piense menos porque eres joven. Sea un ejemplo para todos los*

LECCIONES APRENDIDAS

creyentes en lo que usted dice, en su manera de vivir, en su amor, su fe y su pureza"
(1 Timoteo 4:12, NLT).

LECCIONES APRENDIDAS

81

UNA TEMPORADA DE TESHUVA: JOEL

La tierra había sido profanada por cuatro enjambres de langosta debido a la desobediencia de Israel (Joel 1:4). No quedaba nada; La tierra estaba desnuda. Algunos científicos creen que la tierra podría haber necesitado hasta diez años para revitalizarse para cultivar plantas después de un ataque de langostas. Israel estaba a punto de experimentar las mayores dificultades económicas en su historia.

En los últimos tiempos, el país de Madagascar ha experimentado un ataque similar. La National Public Radio (npr.org) informó:

> Un solo enjambre puede tener unas 460 millas cuadradas de tamaño, y puede haber alrededor de 80 millones de langostas empaquetadas en menos de un cuadrado de media milla. Ellos eliminan áreas masivas y afectan economías enteras. La FAO [Organización de las Naciones Unidas para la Agricultura y la Alimentación] calcula que en Madagascar, alrededor de dos tercios del paisaje podría ser invadido y que 13 millones de personas están expuestas al riesgo de los actuales enjambres.[33]

Joel sonó la alarma y declaró, "el día del Señor", que nadie sería capaz de soportar. Incluso durante toda esta destrucción, Dios aún les ofrecía liberación; Estaba listo para reparar las cosas.

> *"Ahora, por lo tanto,"* dice el Señor, *"Volveos a Mí con todo vuestro corazón, Con ayuno, con llanto y con duelo."* Así, rasga tu corazón, y no tus vestidos; Regresa al SEÑOR tu Dios, porque Él es amable y misericordioso, Lenta a la ira, y de gran bondad; Y Él se arrepiente de hacer daño. Quién sabe si Él se volverá y se arrepentirá, y dejará una bendición detrás de Él (Joel 2:12-14).

LECCIONES APRENDIDAS

La respuesta de Dios al pecado es consistente a través de las escrituras, "vuelve a Mi." En el calendario judío, los cuarenta días antes de Yom Kippur han sido reservados para lo que la nación judía llama Teshuvá, que literalmente significa "dar vuelta". Dios es santo, y odia el pecado, pero siempre deja la puerta abierta a aquellos que verdaderamente quieren arrepentirse. Dios rechaza los rituales religiosos como una penitencia por el pecado. Él desea un corazón que esté totalmente dedicado a Él.

LECCIONES APRENDIDAS

82

DIOS ES SOBERANO: JUAN EL BAUTISTA

El nacimiento de Juan el Bautista fue un acontecimiento sobrenatural anunciado por una visitación angélica. Venía de una familia acomodada. Su padre, Zacarías, era un sacerdote; Su madre era hija de los hijos de Aarón; Su primo era Jesús. En cuanto a sus padres, Lucas afirma, *"Y ambos eran justos delante de Dios, andando en todos los mandamientos y ordenanzas del Señor irreprensibles"* (Lucas 1:6).
Estaba destinado para la grandeza desde el nacimiento. El ángel declaró a su padre:

> *Porque será grande delante de Jehová, y no beberá vino ni bebida fuerte. Él también será llenado del Espíritu Santo, incluso desde el vientre de su madre. Y él volverá muchos de los hijos de Israel al Señor su Dios. Él también irá delante de Él en el espíritu y poder de Elías, 'para convertir el corazón de los padres a los hijos', y el desobediente a la sabiduría de los justos, para preparar un pueblo preparado para el Señor* (Lucas 1:15-17).

Juan el Bautista era una figura prominente en su día, y su ministerio era venerado. Desde su nacimiento, fue conocido en toda Judea (Lucas 1:66). Él no sólo era un profeta sino un sacerdote y se le dio la responsabilidad de anunciar un nuevo orden sacerdotal y anunciar el reino de Dios. Zacarías profetizó sobre su hijo, *"Y tú, niño, serás llamado profeta del Altísimo; Porque vosotros iréis delante del rostro del Señor para preparar Sus caminos"* (Lucas 1:76). Jesús y Juan se encontraron en el río Jordán cuando llegó el momento de la revelación pública de Jesús.

> *Cuando Jesús fue bautizado, Jesús subió inmediatamente del agua; Y he aquí, se le abrieron los cielos y vio que el Espíritu de Dios descendía como una paloma y se posaba sobre él. Y de repente vino una voz del cielo, diciendo: "Este es mi Hijo amado, en quien me complazco"* (Mateo 3:16).

LECCIONES APRENDIDAS

Mientras Jesús continuaba en el ministerio, comisionó a Sus discípulos y alimentó a los cinco mil, Juan fue encarcelado. Estaba enojado, desilusionado y ofendido. Incluso cuestionó la validez del ministerio de Jesús, aunque sabía exactamente quién era El (Mateo 11:3). ¿Sarcasmo? Tal vez.

Esta generación piensa que el ministerio es un trabajo más que una llamada. Muchos creen que su excelente servicio debe garantizarles un privilegio especial en el cielo. Algunos creen que deben vivir en el lujo y ser celebrado por lo que hacen. Después de la vida extraordinaria de John, su cabeza terminó en un plato como un regalo de cumpleaños — Probablemente no como pensaba que su ministerio terminaría. El creyente sólo puede estar seguro del cielo. *"Estamos seguros, sí, bien contentos de estar ausentes del cuerpo y de estar presentes con el Señor"* (2 Corintios 5:8).

SOBRE LA AUTORA

Yvonne D. Camper

Yvonne Camper, fundadora y directora general de Entre el Porche y los Ministerios del Altar, está inmersa en el ministerio y en los negocios durante los últimos treinta años, es agente de cambio y estratega de oración. Ella tiene un poderoso don de impartir y sanar; Su mensaje es revelador, transformador y revolucionario. Yvonne no sólo es una oradora dinámica, sino que también es una prolífica escritora y autora con tres libros más a disposición de los lectores. Además de escribir libros, también ha escrito para varios blogs en línea, periódicos locales y revistas nacionales. Como líder natural, ha pasado innumerables horas instruyendo líderes en el sector privado y público. Actualmente está completando su Licenciatura en Estudios Bíblicos en Abundant Living School of Ministry.

En el ministerio, Yvonne ha servido en varias capacidades, incluyendo líder de la adoración, directora del ministerio del trabajador del altar y miembro de la facultad de la universidad de la Biblia. Como una líder de adoración capacitada, Dios le enseñó cómo cultivar Su presencia en favor de Su pueblo.

Yvonne es conocida por sus compañeros como un individuo que vive una vida de sacrificio de dar y servicio. El 16 de febrero de 2006 donó un riñón a su amiga en un acto de amor desinteresado y obediencia. Como resultado, Entre el Porche y los Ministerios del Altar nació divinamente.

Yvonne es una esposa, madre de cinco y una consultora senior para algunas de las organizaciones más grandes de la nación. Además, ha trabajado en varias juntas nacionales y globales como agente de cambio y estratega global. Ha superado los efectos devastadores de la molestia, la muerte de un niño, la muerte prematura de su madre y el divorcio. Verla hoy es asombrarse de la maravillosa obra de la cruz y del poder curativo de la sangre.

WWW.BETWEENTHEPORCHANDALTAR.ORG

OTROS LIBROS DE YVONNE CAMPER

WWW.QFPUBLISHERS.COM

NOTAS

¹ Douglas Harper, "Holocausto," *Diccionario de Etimología en línea*, http://www.etymonline. com (Accedido el 25 de agosto de 2015).

² Warren W. Wiersbe, *Real Worship: Playground, Battleground, or Holy Ground?* (2nd Ed.: Grand Rapids: Baker Books, 2000), 16, 17.

³ Bishop Clarence Mcclendon, *"Treading on New Territory,"* Sermon, Church of the Harvest, International, Los Angeles, CA, August 21, 1994.

⁴ Mrs. Charles E. Cowman, *Streams in the Desert* (Grand Rapids: Zondervan Corporation, 1996), 111.

⁵ "Excerpts and Quotes From Dr. A. W. Tozer," *Sermon Index*, http://www.sermonindex.net/ (accessed April 15, 2017).

⁶ "Strong's Greek 2137," *Bible Hub*, http://biblehub.com /euodoó /2137.htm, 2011, Helps Ministries, Inc.

⁷ "Strong's Greek 3126," *Bible Hub*, http://biblehub.com/ mammōnás,/3126.htm, 2011, HELPS Word-studies (accessed April 15, 2017).

¹¹ Douglas Harper, "Integrity," *Online Etymology Dictionary*, http://www.etymonline. com (accessed 25 August 2015).

[9] Strong's Greek 2139," *Bible Hub*, http://biblehub.com/euperistatos/2139.htm, 2011, HELPS Word-studies (accessed April 15, 2017).

[10] "Strong's Greek 5356," *Bible Hub*, http://biblehub.com/greek/5356.htm, 2011, HELPS Word-studies (accessed April 15, 2017).

[11] James Strong, *Strong's Exhaustive Concordance of the Bible* (7th ed.: Nashville: Abingdon Press, 1890) Print.

[12] "Undercurrent," *Merriam-Webster.com*, https://www.merriam-webster.com/dictionary/undercurrent, April 2015.

[16] "*NAS Exhaustive Concordance of the Bible* with Hebrew-Aramaic and Greek Dictionaries Copyright © 1981, 1998 by The Lockman Foundation

[13] Claudia Black, M.S.W., Ph.D., "*Understanding the Pain of Abandonment,*" *Psychology Today*, June 4, 2010.

[14] Trauma, *2017 American Psychological Association* , May 5, 2017. http://www.apa.org/topics/trauma/

[15] "Introject," *Merriam-Webster.com*, https://www.merriam-webster.com/dictionary/introject, April 2015.

[16] "Introjection," *GoodTherapy.org*, http://www.goodtherapy.org/blog/psychpedia/introjection (accessed April 14, 2015).

[17] "James Strong, *Strong's Exhaustive Concordance of the Bible* 7 (7th ed.: Nashville: Abingdon Press, 1890) Print

[18] "Wound," *Merriam-Webster.com*, https://www.merriam-Webster.com/dictionary/wound, August 2015.

[19] From 'iy and kabowd; (there is) no glory, i.e. Inglorious. James Strong, *Strong's Exhaustive Concordance of the Bible* (7th ed.: Nashville: Abingdon Press, 1890) Print.

[20] "root, "*Merriam-Webster.com*, https://www.merriam-webster.com/dictionary/root, April 2015.

[21] "root," *Merriam-Webster.com*, https://www.merriam-webster.com/dictionary/root, April 2015.

[22] "Strong's Greek 2041," *Bible Hub*, http://biblehub.com/2041.htm, 2011, HELPS Word-studies (accessed April 15, 2017).

[23] John Watson, "*Sun Tzu's Art of War*," https://suntzusaid.com/book/3 (accessed April 14, 2017).

[24] Bromiley, G W. *The International Standard Bible Encyclopedia*. Grand Rapids, Mich: W.B. Eerdmans, 1979. Print.

[25] Kübler-Ross, Elisabeth. *On Death and Dying*. New York: Collier Books, 1993. Print.

[26] Anderson, Brian. "*Cleansing for Spiritual Lepers.*" http://www.thebridgeonline.net. N.p., 17 Mar. 2014. Web. 29 Apr. 2017.

[27] "Lexicon: Strong's G40-*hagios*," *Blue Letter Bible*, https://www.blueletterbible.org (accessed April 15, 2017).

[28] Strong's Greek 1342," *Bible Hub, ttp://biblehub.com/dikaios/*1342.htm, 2011, HELPS Word-studies (accessed April 15, 2017).

[29] Stephen N. Miller, *The Complete Guide to the Bible* (Uhrichsville, Oh: Barbour Books, 2007), 213.

[30] Robert L. Thomas, *NAS Exhaustive Concordance of the Bible with Hebrew-Aramaic and Greek Dictionaries* (LaHabra, Calif: The Lockman Foundation, 1998).

[31] Dr. Josh McDowell and Dr. Clay Jones, "The Bibliographical Test," adapt. from *The Bibliographical Test Updated*, Clay Jones, *Christian Research Journal*, Vol. 35, No. 3 (2012). http://www.equip.org/articles/the-bibliographical-test-updated (accessed April 17, 2017).

[32] "Enigma of the Dead Sea Scrolls: Extraordinary Revelations in the Discovery of the Dead Sea Scrolls," *A&E's Ancient Mysteries*, 1998, video.

[33] Jennifer S. Holland, "*Locusts Eat the Crops of Madagascar—and Each Other Too*," *National Public Radio*, http://www.npr.org/(accessed April 17, 2017).

www.ingramcontent.com/pod-product-compliance
Lightning Source LLC
Chambersburg PA
CBHW071308110426
42743CB00042B/1222